Brekke en arm,
bryte et mønster,
knekke en kode

Elin Dukana

Brekke en arm, bryte et mønster, knekke en kode

Brekke en arm, bryte et mønster, knekke en kode

Publisert gjennom Ingram Spark
Font: Palatino
ISBN: 978-87-92980-98-4

Sjanger: Sakprosa

Elin Dukana: elin@dukana.com

Erik Istrup Publishing
Jyllandsgade 16 stth, 9610 Nørager, Danmark
www.erikistrup.dk/publishing/

Innhold

Forord

Dette er historien jeg valgte å fortelle meg selv, mens jeg utforsket mine komfortsoner. Historien var min oppmuntring til å avdekke noen av mine grunnleggende begrensninger, møte min egen motstand og se den i øynene. I min bevisste tilnærming har enhver opplevelse av motstand fremstått som en dørvokter og potensiell personlig døråpner. Plassert der av meg, av årsaker jeg ikke lenger kan huske. Det er jeg som bærer nøklene. Jeg kan forme min historie som jeg vil.

Historien fortelles i fortid, fordi mine opplevelser av alt jeg har erfart, er i kontinuerlig utvikling. Min historie vil være levende, ikke statisk. Den er min personlige beskrivelse av hvordan jeg opplevde en serie hendelser. Handlingen utspiller seg i en epoke av mitt liv, hvor jeg forsto noe om betydningen av menneskelig erfaring i en større sammenheng.

Utgangspunktet for historien, var å oppmuntre meg selv, i en periode hvor jeg utforsket mitt eget forhold til meg selv. Ytre sett fulgte jeg en visjon, som hadde oppstått for meg som en mulig løsning på det jeg ønsket meg aller mest. Den ga meg en konkret oppgave å løse, som krevde av meg at jeg virkelig ville ha det jeg hadde fremsatt som mitt høyeste ønske. Men mest av alt fungerte visjonen som en katalysator, for å samle min oppmerksomhet og bringe meg nærmere opplevelsen av min egen eksistens.

Drøm og virkelighet

To døde menn var blitt slengt i to fulle containere. Den ene av dem hadde fått en fot revet av, og jeg lurte på hvorfor han var død. Dessuten undret det meg, at han beveget svakt på øyelokkene hver gang det ble snakket i hans nærhet. Da jeg gikk for å se igjen en stund senere, beveget han enda mer på øyelokkene, til jeg innså at han var i ferd med å våkne opp. Det begynte å gå opp for meg at jeg var i alvorlig trøbbel, ettersom jeg fullstendig hadde fraskrevet meg ansvaret for det jeg hadde sett.

Så våknet jeg. Drømmen hadde gjort inntrykk på meg. Den gjorde mer og mer inntrykk på meg, etter hvert som jeg ble våken.

Mens jeg noterte detaljene, ble jeg klar over at denne mannen var et aspekt av meg selv. Mens jeg dusjet kom det til meg, at dette handlet om hvordan jeg hadde undergravet meg selv, for å unngå drama. Den kasserte mannen som manglet en fot, minnet meg om den standhaftige tinnsoldaten. Et aspekt som stilltiende hadde tjent meg i mange år, kanskje livstider. En gardist som vernet om et ungpikeaspekt, som ikke forsto at hun var en potensiell dronning. Hun ville ikke vedkjenne seg det, hun foretrakk å heller leve et anonymt og tilbaketrukket liv. Det fraskrev henne ansvaret for å måtte stå opp for seg selv, forlate komfortsonene og møte følgene og ubehaget. Uten å belønnes for det, hadde soldaten stått på stedet hvil, mens han beskyttet henne mot å måtte ta ansvar for seg selv.

I mange år stilte jeg meg spørsmål om hvordan jeg kunne gi meg selv oppreisning, når jeg ikke kunne regne med å få det fra noen som hadde vært involvert i mine såreste erfaringer. Denne soldaten stilte meg det samme spørsmålet. Hvordan kunne jeg bare la det skje, uten å ta hensyn til signalene? Uten å tro på meg selv. Jeg minnet soldaten om at det var bare en historie, og det var jeg som skapte den. Jeg kan omskrive historien, jeg kan gi den et annet perspektiv, og jeg kan skape akkurat hvilken fortsettelse jeg vil.

Soldaten likte det.

Lederskap

Jeg sto på ett bein, med armen i fatle, og forsvarte meg med det andre beinet mot værlammets angrep på det lille spannet med lokkemat.

Lam er ikke så søte, når de blir store og sinte og møkkete, og er separert fra flokken sin. Sauer er i det hele tatt en helt annerledes opplevelse, når man plutselig og uten erfaring på området står alene med ansvaret for dem. Jeg hadde vært alene med dem i en måned, på et småbruk langt inne i skogen. Jeg hadde påtatt meg oppdraget, kanskje nettopp fordi det virket som en så totalt absurd idé. Det hadde vært mitt eget forslag, for å gjøre det mulig for gårdeieren å kunne ta et opphold på et rehabiliteringssenter. Jeg likte ikke å involveres personlig med dyr i fangenskap. Jeg søkte uavhengighet, i motsetning til de gjensidige begrensningene og forpliktelsene ved å skulle bestemme over et annet levende vesens liv og bevegelser. For ikke å snakke om en hel flokk. Med hønsene føltes det helt annerledes. De hadde sitt eget lille samfunn, og et stort og beskyttet område å bevege seg på. De fleste av dem brydde seg ikke engang om jeg tok fra dem eggene, de la bare noen nye. Bare en av dem, ei skummel svart høne, gikk til angrep på meg når jeg forstyrret henne mens hun lå i rugekassen. Jeg fikk en følelse av at det ikke handlet så mye om å beskytte eggene, det var mer en refleks fra hennes aggressive personlighet. Jeg løste det enkelt med et besluttsomt grep rundt halsen hennes. Saken var ikke åpen for diskusjon. I hvert fall så lenge jeg fortsatt hadde to hender å hjelpe meg med. Ei enkelt høne kunne jeg lett håndtere. Sauer i flokk var en helt annen sak.

En av sauene i den lille saueflokken oppførte seg som alt annet enn hva man forventer av en sau. Hun het Julia. Hun forvirret meg. Jeg beundret henne, for jeg gjenkjente meg i henne. Hun var totalt uforutsigbar, og fikk til stadighet de villeste ideer om hva en sau kan finne på. Samtidig var det jeg som hadde ansvaret for denne flokken, og det var umulig å holde dem samlet når hun tok av. Hun forvirret de andre sauene også, men de fulgte hennes innfall, siden jeg var en ukjent nykommer som de ikke så noen grunn til å underkaste seg.

Jeg fikk vanligvis overtaket på dem, når jeg lokket dem med lyden av kraftfor. Appetitten var deres sterkeste drivkraft, når det ikke fantes noen trusler som vekket deres overlevelsesinstinkter. Selv Julias eventyrlyst måtte vike for utsiktene til å få maten servert.

Til å begynne med hadde jeg ført de to søyene i bånd. Instruksen gikk ut på å få dem plassert på et jorde et stykke borte, og hente dem inn igjen om ettermiddagen før det ble mørkt. Jeg kom ikke særlig langt bortover veien, før Julia stoppet opp og nektet å bli med videre. Sauer er digre og tunge! Med en som var uvillig og en som var forvirret av at lammene løp i alle retninger, endte jeg opp fullstendig viklet inn i de lange reimene. Det løste seg, da en forskrekket jogger stoppet så brått at han skremte sauene på riktig kurs igjen. Han beklaget å ha forstyrret, men jeg forsikret ham om at han hadde reddet situasjonen.

Da jeg kom til innhegningen og løsnet båndene, løp de i alle retninger igjen, bare ikke inn på jordet. Det hjalp ikke at jeg fikk tak i en, for det viste seg at porten kunne ikke stenges. Til slutt fikk jeg tak i Julia, og festet båndet på henne igjen. Men det tunge dyret la seg rett ned på bakken. Jeg måtte løfte henne etter ulla, til jeg klarte å tvinge henne dit jeg ville. Så bandt jeg henne til et tre, mens jeg fanget inn den andre søya. Lammene fulgte med. Julia ble gjenforent med flokken. I det samme porten var lukket og alt omsider var under kontroll, kom ei dame forbi. Jeg var helt rød i ansiktet, men jeg lot som ingenting. Etterpå lo jeg av alt sammen.

Ansvaret var mitt. Jeg var nødt til å være kreativ, så lenge jeg åpenbart ikke hadde en myndighet som gjorde særlig inntrykk på dem. Neste dag innlemmet jeg meg i flokken, og oppmuntret dem til å løpe, så jeg i det minste fikk dem forbi det lille veistykket og inn på skogsveien. Så snart Julia fikk en selvstendig idé, bandt jeg henne resolutt til et tre, og førte den andre søya til innhegningen. Lammene hennes fulgte henne, men de to lammene til Julia ble i villrede da flokken ble splittet. Det endte med at de som var plassert der jeg ville ha dem, sprang ut igjen da jeg kom med resten av flokken. De løp i alle retninger. Noen mot veien, noen inn i skogen og noen inn i hagen til et sommerhus like ved.

Om ettermiddagen behøvde jeg ikke å tenke på å hente dem, for lenge før den tid hadde de kommet seg ut på egenhånd og gikk tilfreds og beitet deilig gress i hagen. Nå gjaldt det å redde rosebuskene, og få lokket flokken inn i fjøset igjen. Det gikk vanligvis greit, så lenge det fantes kraftfor å rasle med. Det gikk relativt greit i en hel måned. Man lærer seg å leve med mareritt, også i våken tilstand. Jeg hadde sett for meg at dette kunne bli et lynkurs i ledelse, i egen regi. Jeg kunne virkelig ikke ha funnet noen bedre kandidater til å vise meg hvilke egenskaper som leder jeg absolutt ikke var i kontakt med i meg selv. Jeg innså snart at sauene var langt mer utspekulerte og ambisiøse enn meg. Jeg hadde påtatt meg dette oppdraget helt uten entusiasme.

Så kom den dagen, da jeg visste at det ville komme folk til gården. Jeg visste bare ikke når. Jeg hadde sovet lenger enn jeg hadde regnet med. Jeg skyndte meg opp i annen etasje med noen nyvaskede håndklær. På vei tilbake falt jeg, uten noen påviselig grunn, ned fra en uvanlig høy dørterskel. Jeg hadde ikke snublet, jeg hadde ikke glidd, jeg hadde ikke tråkket over. Jeg hadde heller ingen opplevelse av at det kunne ha vært husets usedvanlig sterke tilstedeværelse av noen jeg ikke kunne se, som spilte meg et puss. I løpet av det korte svevet i fritt fall, følte jeg et snev av utålmodighet etter å få det overstått og komme meg på beina igjen. Da kjente jeg den høyre armen under meg. - Oj, det var for mye! sa jeg stille til meg selv. Så mye klarer selv ikke jeg å bøye håndleddet. Jeg syntes til og med at jeg hørte et knepp, men jeg visste at det er sånt man lett kan innbille seg.

Det hovnet opp med det samme. Jeg pustet dypt noen ganger, mens smertesjokket passerte tilstrekkelig til at jeg kunne komme meg på beina igjen og ned den bratte trappa i det gamle huset. Jeg gikk ut i redskapshylla over vedstabelen, for å se etter noe jeg kunne støtte opp armen med. Jeg fant ei smal list, som jeg husket jeg hadde sett der. Den hadde akkurat passe lengde for underarmen min. Jeg surret armen inn i et kjøkkenhåndkle, og fant fram pakketapen jeg hadde benyttet noen dager tidligere, og derfor visste hvor den hadde sin plass. Så løsnet jeg skulderstroppen fra veska mi, og festet den rundt halsen som et fatle. Jeg kastet et blikk ut av vinduet, og så at sauene hadde rømt igjen.

Hensyn

Alt var litt annerledes denne spesielle høstdagen. Jeg gikk ut med armen i mitt improviserte fatle, for å hente inn sauene fra plenen. De ville ikke la seg lokke. Der og da kjentes det som om jeg hadde hatet disse sauene i ukevis. Ikke sauene personlig, men situasjonen, konfrontasjonene. De viste meg med all tydelighet, at de ikke aksepterte meg som deres leder. Jeg hadde ingen mulighet til å stoppe dem, når de først hadde bestemt seg for noe. De var ufattelig sterke og raske. Og utspekulerte. Det var bare noen få dager igjen av oppholdet mitt. Jeg gikk ut på plenen og raslet med et spann med kraftfor, men de reagerte ikke. Jeg måtte gå helt bort til en av søyene og holde spannet oppunder nesa på henne. Da diltet hun etter meg hele veien inn i fjøset, men resten av flokken fulgte ikke med. En etter en måtte jeg hente dem. Problemet var at når jeg åpnet for å slippe en inn, sto de som allerede var på innsiden klare til å rømme ut. Jeg hadde bare en hånd å hjelpe meg med. Et av lammene fulgte meg hele veien inn til grinda to ganger, før hun bare snudde og spaserte målbevisst ut igjen. Jeg måtte bare forholde meg til et øyeblikk av gangen, og gjøre det som var mulig for meg å foreta meg. Til slutt var det bare et lam igjen. Et værlam. Da jeg gikk mot ham med boksen med kraftforet, truet han meg og stanget mot boksen med lokkematen. Der sto jeg med armen i fatle, på et bein, og forsvarte meg med fotsålen på det andre. Han prøvde å stange meg flere ganger. Da hadde jeg fått nok. Jeg mumlet til ham at nå kunne han bare stå der, jeg brydde meg ikke om hvordan det det ville gå med ham. Så gikk jeg tilbake til huset, egentlig mer bekymret for gårdeierens rosebusker enn for lammet. Han skulle slaktes snart uansett.

Jeg holdt et øye med ham av og til, til jeg ikke kunne se ham lenger. Som jeg regnet med, hadde han gått inn i fjøset. Jeg tok ingen sjanser, og jaget ham med mye støy inn i en ledig bås. Jeg brølte til ham at her er det jeg som bestemmer! Så skyndte jeg meg å lukke. Der kunne han stå til noen ville komme meg til unnsetning! Han hadde muligens hatt sin siste dag i frihet.

Gården lå nokså isolert inne i skogen. Den spredte bebyggelsen omkring ble mest brukt til sommersteder. Selv postmannen endte ruta si en kilometer lenger inne i retning av sivilisasjonen. Jeg disponerte en bil, men jeg kjørte minst mulig på den smale og svingete skogsveien. Når det ble tidlig mørkt om høstkveldene, ble det så mørkt som det er mulig å bli.

Det forundret meg at fingrene på den høyre hånden virket så totalt frakoblet. De var både bevegelige og bøyelige, men hele hånden forholdt seg passiv og i ro. Jeg hadde sendt en melding til vertskapet om at jeg hadde falt og skadet armen, siden jeg visste at de ville komme innom gården med høy til dyrene denne søndagen. Jeg hadde knapt snakket med et voksent menneske på fire uker.

Timene gikk, dagen gikk, og jeg ante ikke når de ville komme. Det ble sent på ettermiddagen, før jeg omsider hørte en bil. Jeg gikk til vinduet for å vinke til dem, men de så ikke i min retning. Jeg gikk og satte meg og ventet igjen. To ganger til gikk jeg til vinduet, men de var bare opptatt av en hest de hadde med, og høyet som skulle på låven. Det gikk en halvtime før de kom inn. De hadde det travelt, og ble ikke så lenge. Den oppmerksomheten de ga meg, føltes bare masete og full av bekymringer jeg ikke ville ha. De skulle hente bilen, og lurte på om jeg trengte den for å kjøre til legevakt. Jeg hadde absolutt ikke til hensikt å kjøre noe sted med en skadet høyrearm i fatle. Jeg talte dagene. Jeg ville hjem.

Armen plaget meg ikke, jeg måtte bare ta hensyn til den. Det føltes bedre å la den henge rett ned, enn å ha den i fatle. Jeg klarte meg helt fint med venstre hånd, det gikk bare langsommere. Jeg insisterte på at håndleddet ikke kunne være brukket, ettersom jeg for lengst hadde bestemt meg for at jeg ikke ville ha noe mer med leger å gjøre, og i hvert fall ikke la dem skjære i meg igjen. Jeg hadde vært på sykehus mange ganger, og det hadde gitt meg så mange slags erfaringer. Noen av disse erfaringene hadde kostet meg harde påkjenninger på kroppen min. Derfor hadde jeg bestemt meg for å holde meg frisk og hel.

Jeg hadde vært innom lege bare et par ganger i

løpet av det siste tiåret, mest for å få bekreftet at alt var i orden, uansett hva det ellers så ut som.

Ved et tilfelle klarte jeg ikke å rette ut kroppen igjen på flere dager etter en lengre flyreise. Noen snakket om fare for blodpropp. Jeg dro og fikk sjekket det en deilig vårdag, og glemte igjen favorittjakka mi i venterommet. Jeg ringte og ba dem ta vare på den for meg, men de gjorde det ikke. Da jeg omsider var i form til å dra dit igjen, var den fine skinnjakka borte. Derfor husker jeg det legebesøket. Det var absolutt ingenting i veien med meg. Jeg kunne bare ikke rette ut kroppen. Det ordnet seg av seg selv etter en stund, men favorittjakka mi så jeg aldri igjen.

Det andre legebesøket hadde skjedd bare et år før jeg falt på håndleddet, faktisk nøyaktig et år tidligere. Da hadde jeg skadet beinet kraftig. Jeg dro like godt til legevakta med det samme, for å slippe alt maset fra omgivelsene. Jeg konkluderte med, at når beinet viste seg å ikke være brukket den gangen, var nok ikke armen det nå heller. Beinet helet seg selv. Etter seks uker, var det mulig for meg å gå igjen. Etter et år, var det meste av bloduttredelsene borte. I mellomtiden fikk jeg god tid til å reflektere over hvordan jeg enda en gang hadde prioritert hensynet til andre, på bekostning av meg selv.

Det med beinet var egentlig en fornøyelig historie. Dagen før hadde jeg betraktet en mann i rullestol, som satt og dirigerte flyttemannskapet til høyre og venstre. I mine øyne så det flott ut. Jeg hadde flyttet så ofte. I hele mitt voksne liv hadde jeg, med bare et unntak, aldri bodd noe sted noe særlig mer enn tre år sammenhengende. Jeg hadde stort sett tatt meg av flyttingene selv, og deltatt aktivt når jeg hadde hatt hjelp. Jeg hadde for lengst innsett at jeg når som helst kunne velge å gjøre det langt enklere for meg selv. Derfor så jeg med beundring på han som satt der i sin trone og bare pekte og anviste.

- Jeg ser og lærer, sa jeg til ham.

Neste morgen skulle jeg kjøre en diger flyttebil for den ene sønnen min. I tillegg skulle jeg ha med en hjørnesofa jeg hadde lånt av ham. Selv om jeg hadde blitt tilbudt hjelp, skyndte jeg meg å bære ut sofaen selv, før hjelpen dukket opp. Selv da jeg møtte vaktmesteren i gangen, fikk han ikke gjort noe mer for meg enn å trykke på heisknappen for meg og åpne utgangsdøra.

Jeg hadde vært oppmerksom på denne tendensen til egenrådighet siden jeg flyttet hjemmefra. En gang hadde jeg bestilt et helt lass med materialer for å bygge terrassemøbler. Jeg insisterte på å ta ansvar for å bære alt sammen opp til fjerde etasje, og avviste alle tilbud om hjelp. Etterpå innså jeg at noen av disse hyggelige naboene faktisk kunne ha ønsket å investere i et fruktbart naboskap. Derfor bestemte jeg meg for å gå aktivt inn for å tillate noen å hjelpe meg, om ikke annet for å virke litt mer imøtekommende. Så kom jeg en sen kveld tilbake fra en julefeiring, med armene fulle av en høy stabel med julegaver, blant annet ei stor, tung jerngryte. Jeg møtte en nabo som kom hjem fra fest. Han tilbød seg å hjelpe meg å bære. Jeg rakte ham en stor bamse jeg hadde fått. Den bar han opp alle trappene til fjerde etasje for meg. Han var ikke edru nok til å oppdage hva som foregikk. Jeg var ikke klar for å ta imot hjelp.

Dette var veldig mange år siden, men fremdeles insisterte jeg på å klare meg selv. Fremdeles var jeg fullstendig klar over at jeg med fordel kunne velge annerledes, når som helst. Derfor ble det en enda tydeligere påminnelse for meg, da jeg kom ut med de siste putene og en madrass på ei tralle, og oppdaget at mannen med rullestolen satt i bilen sin i enden av det slake inngangspartiet. Jeg hadde flyttebilen jeg hadde leid, stående ved trappa rett utenfor. Med hendene fulle, ble jeg brått distrahert av den skjærende lyden av metall mot skiferheller. Det var den tomme sekketralla som hadde satt seg i bevegelse på det skrånende underlaget. Dermed bommet jeg på trappa, og tok en salto, så forsiden av leggbeinet smalt i den skarpe kanten på et av skifertrinnene. Puter og madrass var til ingen nytte. Det eneste jeg tenkte på, var at jeg minst av alt ville ha hjelp av en mann i rullestol, som allerede hadde kommet seg på plass i sitt eget bilsete. Jeg spratt opp igjen i en sammenhengende bevegelse, og inn i lasterommet på flyttebilen, hvor jeg dumpet ned i sofaen jeg nettopp hadde båret ut. Der satt jeg helt stille, og bare ventet på at han ville starte motoren og forsvinne.

Jeg sjekket beinet, og så at det ikke blødde. Jeg visste fra en tidligere erfaring, at det var alt annet enn fordelaktig ved en sånn skade med indre blødninger og hevelse. For å si det kort og enkelt, jeg gjennomførte likevel flytteoppdraget. Det innebar at jeg måtte ligge en stund på en sofa med beinet i været. Det innebar også at jeg senere på ettermiddagen hjalp til med å få båret sakene opp trappa til annen etasje, for å kunne komme meg tilbake den lange veien, mens jeg ennå orket tanken på det. Jeg måtte få levert den kostbare flyttebilen. Beinet var så hovent, at jeg ikke klarte å holde det løftet fra gasspedalen. Desto raskere gikk turen. Det ordnet seg, det er hovedsaken. Men den natta lurte jeg seriøst på om huden kunne revne under presset fra innsiden.

Utrente vinger

Spjelkingen min fungerte relativt bra for å holde armen stabil gjennom natta. Jeg måtte bare finne en stilling som fungerte. Av og til våknet jeg for å flytte litt på armen. Jeg måtte i det hele tatt ta hensyn til meg selv på en helt ny måte på alle områder. Det første spørsmålet jeg hadde fått, var hva jeg hadde gjort og om det var for at jeg trengte litt oppmerksomhet. Det var ment som en spøk. Jeg svarte at det var min egen oppmerksomhet jeg trengte.

Det var som om alt forandret seg fra det øyeblikket jeg falt. Noe i akkurat det øyeblikket av å ha mistet kontrollen og skulle møte de uventede konsekvensene, gjorde et dypt og uutslettelig inntrykk på meg. Det bragte hele min oppmerksomhet tilbake til meg. Mitt fokus hadde vært spredt i alle retninger, på alle de oppgavene jeg hadde ansvar for. Men i akkurat det øyeblikket, ble alle fasetter av mitt fokus hentet tilbake og samlet om en uforutsett hendelse som ene og alene handlet om meg, akkurat der og da. Plutselig handlet alt om meg og hensynene til meg selv foran alt annet. Det føltes betydningsfullt, viktig og personlig, på en måte jeg nærmest følte meg beæret av. Det underlige var, at jeg ble i godt humør av det. Jeg hadde nok ikke vært særlig munter gjennom disse ukene, og jeg hadde ikke engang lagt merke til det.

Nå ble det plutselig lystbetont å erfare hva jeg

kunne få til med bare venstrearmen til disposisjon. Små ting jeg kunne utføre for meg selv, fordi jeg ville det. Jeg merket at jeg kunne kjenne de ulike følelsene til de to veldig ulike aspektene, som armene representerte hver for seg. Den handlekraftige, dominerende høyrearmen, hadde alltid vært så selvstendig og virksom. Nå hang den der slapp og ubrukelig, som en såret manndom. Samtidig merket jeg en helt ny munterhet fra den venstre, mer feminine siden, som så sjelden fikk noen oppmerksomhet. Det føltes som om venstrearmen var kry for at hun endelig fikk vise hva hun dugde til. Hun klappet trøstende og omsorgsfullt på den hjelpeløse høyrearmen, og hjalp den til å legge seg til rette i en komfortabel stilling. For første gang under dette oppholdet, var oppmerksomheten rettet mot noe annet enn dyrestell, klokkeslett og hensynene til alt annet enn meg selv. Til og med de usynlige tilstedeværelsene i dette huset, hadde krevd min oppmerksomhet. Aldri noe annet sted hadde jeg opplevd en sånn trengsel av noe jeg ikke kunne se. Det fikk meg konstant til å rette blikket i visse retninger i enkelte deler av huset. Det fikk meg automatisk til å holde meg litt ekstra godt fast i rekkverket, når jeg måtte ned i vaskekjelleren. Det hadde til og med fått meg til å kommandere dem til å holde litt avstand, så jeg fikk plass til å snu meg.

Jeg visste så inderlig godt, at jeg kunne ta langt mer hensyn til meg selv, enn det jeg hittil hadde vært villig til. Jeg kunne ikke bryte det mønsteret med større tydelighet, enn å knuse det høyre håndleddet. Men selv da det skjedde, nektet jeg for at det kunne være brukket.

Det var mye med timingen for denne hendelsen som virket usedvanlig velregissert. Jeg hadde til og med nettopp klippet og stelt neglene. Det ville bli en stund til jeg kunne gjøre det igjen. Det mest påfallende var, at de tre siste gangene jeg hadde falt på dramatisk vis, hadde flere ting til felles. Alle tre gangene hadde jeg stått foran en mulig flytteprosess, uten noe definert mål. Alle tre gangene hadde jeg vært i ferd med å skynde meg med å utføre noe på vegne av en annen enn meg selv. Oppgaver jeg utførte mer av plikt enn av lyst. Det stred imot alt det jeg sto for. Derfor sto jeg ikke mer enn at jeg falt.

Den første gangen skulle jeg forlate huset mitt, etter åtte år. Det var det eneste stedet jeg, til da, hadde bodd mer enn tre år sammenhengende i hele mitt voksne liv. Mitt eget hus, som jeg hadde eid og tatt hånd om alene siden det var nytt. Jeg trivdes godt i det huset, men jeg var klar for å gå videre. Jeg hadde fått hjelp til å klargjøre noen siste ting før fotografering og visning. Men jeg syntes det gikk for sent. Så da jeg ble alene en stund, bestemte jeg meg for å male de siste gjenstående taklistene selv. Det gikk greit, når jeg først hadde kommet i gang. Med tilfredshet malte jeg det aller siste stykket av taklistene, innerst i hjørnet bak toppen av et stort klesskap. Jeg tenkte på at nå som ungene for lengst hadde forlatt redet, var tiden også inne for meg til å komme meg videre i livet mitt. Jeg grep malingsboksen, penselen, og avisa jeg hadde hatt under malingen, og tok steget fra krakken og ned mot gulvet. Jeg glemte bare helt, at til akkurat dette hjørnet hadde jeg byttet ut krakken med en som var mye høyere. Akkurat for sent, ble jeg klar over at gulvet ikke ville være der jeg forventet å møte det.

Jeg rakk å tenke at den lille malingsboksen ville kunne komme til å lage et uopprettelig hakk i parketten. Jeg slapp taket en brøkdel av et sekund, før jeg traff gulvet i hele min lengde.

Det ble et kort svev og et dumpt brak, da jeg møtte gulvet i horisontal posisjon. Buklanding! Den åpne malingsboksen seilte et par meter bortover gulvet. Ved siden av meg lå malerkosten, oppå avisa. Jeg hadde ikke sølt en dråpe. Jeg tenkte et øyeblikk at sånn ville det kunne føles å være død. Jeg måtte kjenne etter om jeg fortsatt var i stand til å bevege kroppen. Jeg oppdaget fort at jeg fortsatt var i live.

Jeg pustet dypt en stund, gjennom de intense smertene i albuen, brystet, kneet og i stortærne, mens jeg kjente etter om jeg var like hel. Så veltet jeg meg forsiktig over på ryggen og lo så jeg ristet. Lenge. Mer smertefullt enn dette vil det ikke bli å forlate mitt trygge rede …

Velregissert og tilrettelagt som alt er fra min innerste bevissthet, hadde jeg nettopp flyttet unna et brannslukningsapparat, som hadde stått midt i landingsstripa. Det ble et kort svev på utrente vinger, uten sikkerhetsnett. Da jeg var klar for det, krøp jeg opp i annen etasje og fant senga mi. Radioen spilte noe jeg oppfattet som å "swinge malerkosten til du mister all kontroll…"

Allerede da gikk det opp for meg at jeg kunne se tilbake på en lang rekke av sånne tilfeller, hvor jeg hadde påført meg selv fysiske begrensninger, i forkant av store avgjørende forandringer. En brutal uvane. Helt klart et mønster jeg med fordel kunne bryte når som helst.

Disse hendelsene kom stadig tettere, ettersom jeg stadig oftere søkte ut av mine trygge komfortsoner. Den neste gangen skadet jeg meg litt mer enn den forrige, og jeg var fullstendig klar over at det var det samme mønsteret jeg repeterte, bare med en litt annen historie. Enda en fantastisk historie. For hver gang en mer omfattende og mer fascinerende historie. Jeg elsket disse selverfarte historiene om å ha følt på kroppen at jeg levde.

Hjemme

Jeg hadde vært hjemme en uke, da en dame henvendte seg til meg i matbutikken. Hun fortalte meg om sitt eget håndleddsbrudd, og sa at min arm så mye verre ut enn hennes hadde gjort. Hun anbefalte meg å oppsøke legevakta, og fortalte meg hvor jeg måtte dra. Jeg bodde et annet sted enn året før, da jeg hadde fått undersøkt beinet.

Da helgen var over og jeg så at det var fint vær, bestemte jeg meg for å oppsøke legevakta, mest som et påskudd for å få meg en tur. Jeg dro av sted med bussen, og lette litt for å finne fram til legevakta, idet den skulle åpne for dagen. Det var ikke så mange som ventet, og det var en fin stemning i venteværelset. Det ble raskt min tur. Damen i resepsjonen var usedvanlig trivelig og blid og munter og vennlig. Hun forklarte meg at det var feil legevakt, og at de hadde altfor mye på skjemaet allerede. Hun henviste meg til en annen legevakt, som var nærmere der jeg bodde, og sa at der måtte jeg bestille time før jeg kom.

Jeg kunne ikke forstå det, siden det var så få som ventet, men jeg brydde meg ikke. Jeg hadde fått turen min, og jeg tok det som en bekreftelse på at en undersøkelse ikke var nødvendig. Jeg følte meg trygg på at alt ville legge seg perfekt til rette for meg, som alltid.

Neste dag var det strålende vær igjen, og jeg fikk lyst til å benytte meg av påskuddet for å spasere bort til den neste legevakta. Jeg likte godt å spasere, når jeg hadde et konkret uutforsket mål foran meg. Jeg tok en telefon for å finne ut når jeg kunne komme. Men også der ble jeg avvist. Når det ikke var akutt, måtte jeg oppsøke fastlegen min. Jeg ante ikke hvor jeg hadde noen fastlege, jeg hadde ikke vært hos fastlege på mange år, og jeg hadde flyttet mye i mellomtiden. Enda en gang tok jeg det som en bekreftelse på at det ikke var noe jeg behøvde å fokusere på. Igjen ga jeg slipp på hele saken.

Samtidig begynte hevelsen å gå såpass mye ned, at jeg begynte å innse at armen min tydelig hadde skiftet fasong i alle retninger. Dette var ikke min arm! To dager senere fant jeg fastlegen min på internett. Han hadde flyttet siden sist jeg var der. Jeg fikk en avtale samme formiddag. Det var halvannen times reise med buss. Saken hadde holdt meg engasjert hele uka, og jeg var tilfreds med at det ga meg litt forandring i hverdagen. Ikke en eneste gang hadde noen hørt meg klage i denne sammenheng. Jeg levde tross alt for å erfare. De siste årene hadde jeg vært villig til å gi slipp på alt, for å fokusere ene og alene på å erfare meg selv i mitt eget liv. Jeg hadde solgt huset og kvittet meg med det meste av inventaret, jeg hadde levd uten fast inntekt i årevis og jeg hadde så liten kontakt med familie og bekjentskaper, at det var få som visste hvor jeg var å finne. Jeg hadde til og med skiftet navn i denne forbindelse.

Fastlegen konstaterte håndleddsbrudd. Han lo høyt, da han oppdaget at han kunne håndtere armen min som om den var laget av gummi. Han spurte om han kunne bruke meg som eksempel, og kalte inn tre ansatte til å bevitne at jeg ikke fortrakk en mine uansett hva han gjorde. Damene sto og holdt seg forskrekket for munnen med store runde øyne. Jeg ble sendt direkte til sykehuset for å ta bilder og få armen i strekk. Dette var på en fredag. På mandag var jeg tilbake for operasjon. Fremdeles kunne jeg ikke fatte at armen virkelig var brukket, og at det skulle være nødvendig at de måtte skjære i meg. Jeg hadde til og med oppfattet legen som unødvendig dramatisk, da han hadde nevnt noe om hovedpulsåren. Først da noen senere påpekte at den spisse saken på røntgenbildet var en beinsplint som lå på tvers helt inntil hovedpulsåren, forsto jeg hva han hadde ment. I praksis var det aldri et reelt problem. Det ble bare enda et flott og dramatisk innslag til historien min.

Etter min smak ble det litt vel mange dramatiske innslag, fra det øyeblikket jeg ble presentert for den arrogante kirurgen. Dette til tross for at fire Paracet hadde fått meg til å føle meg beruset. Jeg hadde ikke smakt så sterke saker på så lenge jeg kunne huske. Anestesisykepleieren sa at jeg skulle få narkose om et øyeblikk, men ikke enda. I neste øyeblikk våknet jeg, og følte at jeg var blitt lurt. Operasjonen var over. Legen kom og stilte spørsmål ved de tre dagene han hadde fått oppgitt i papirene. Jeg svarte at det ikke var tre dager, men femten dager siden bruddet. Legen bekreftet at det forklarte noen av observasjonene hans. Jeg sukket oppgitt, men lettet over at det ikke hadde vært mer graverende feil i anvisningene han hadde fått utlevert. Så ble jeg flyttet til en avdeling og overlatt til en sykepleier, som insisterte på at jeg måtte svelge tabletter. Hun var urokkelig i sin sak. Jeg hadde ingenting jeg skulle ha sagt. Jeg koste meg ikke med erfaringen lenger, nå som det ikke lenger bare var min egen sak. Jeg følte meg krenket, men jeg var ikke klar over det, jeg var mest forundret over at jeg i det hele tatt befant meg der hvor jeg var.

Jeg var lettet over at de ikke sendte meg hjem samme dagen. Neste morgen følte jeg fortsatt at jeg ikke var helt klar for å dra. Tablettene jeg ble tvunget til å ta, gjorde meg sløv og uklar. Så kom legevisitten, og en lege forklarte meg at jeg måtte opereres på nytt, for en av de ti skruene jeg var blitt skrudd sammen med, var litt for lang. Jeg skulle opereres på nytt allerede neste dag. Jeg mottok beskjeden med fatning. I det minste hadde jeg ikke behøvd å dra, når jeg ikke følte meg klar for det. Den delen av meg som elsker at historien min tar uventede retninger, følte seg trygg på at alt ville gå bra. Men det var et annet aspekt i meg som ikke tok nyheten like bra. Den arrogante legen som hadde hatt ansvaret for meg, hadde skrudd inn for lange skruer. På min bekostning! Jeg hadde tross alt arbeidet som urmaker i mange år! Jeg hadde stor respekt for skruer og nøyaktighet. Jeg hadde hatt en enorm yrkesstolthet mens jeg holdt på. Det hadde vart helt til jeg fødte tvillinger, som ikke lot meg sove én hel natt på et helt år. Det satte en naturlig stopper for å betrakte hårfine detaljer gjennom ei lupe. Fra det øyeblikket måtte jeg bare se stort på det, og ha tillit til at alt ville ordne seg på sikt. Mitt endrede verdensbilde hadde tvunget fram et helt nytt fokus.

Da jeg ble trillet ned og lå og ventet på ny operasjon, kjente jeg at dette ikke på noen måte føltes greit. Den arrogante legen hadde ikke engang kommet personlig og sett meg i øynene. Jeg hadde bare fått beskjed om at nå ville de skjære i kroppen min igjen, og foreta noen justeringer etter beste evne og eget skjønn. Selv min bevissthet ville de ta kontroll over. Kanskje ville jeg ikke engang komme til å våkne igjen. Eller kanskje ville jeg våkne under narkosen, som min mor hadde fortalt om fra sitt eget ankelbrudd. Jeg var helt og holdent overlatt til en samling sykehusansatte, som akkurat denne dagen hadde vakt og ledig kapasitet.

Det var en dame bak en skranke der, som oppfattet at jeg var urolig og ubekvem. Hun tilbød meg å få snakke med legen først. Men det viste seg at den legen som hadde operert meg, ikke var tilgjengelig. Jeg kunne få snakke med den aktuelle legen, som skulle operere meg på nytt. Jeg kjente at det ergret meg enda mer, men jeg ville gjerne snakke med legen. Så kom en lege inn, som var helt annerledes enn han som jeg hadde opplevd som så arrogant. Denne yngre og muntre fyren tok seg all verdens tid til å høre på meg og svare på alle mine spørsmål. Han forklarte meg i detalj om alle sider av saken. Jeg fikk vite hvordan en sånn operasjon foregår, steg for steg. Jeg fikk vite hvordan jeg ser ut på innsiden og at skruer av og til fester seg så hardt at alt sammen må bores opp igjen. Jeg lyttet med interesse og innså helt av meg selv, at det er en helt annen sak å skulle skru sammen et knust håndledd, enn et urverk hvor alle delene på forhånd er nøyaktig tilpasset. Han sto der og pratet med meg så lenge jeg selv ønsket hans oppmerksomhet. Jeg følte meg beæret.

I den korte stunden jeg ble liggende igjen og vente på å bli trillet inn, gikk det opp for meg hva alt dette handlet om. Det var et personlig oppgjør med noe jeg hadde båret med meg, som tiden nå var inne for å gjøre meg ferdig med. Alt sammen hadde vært som et velregissert og iscenesatt skuespill, hvor jeg selv spilte hovedrollen. Det handlet om en del av historien om mitt eget liv, hvor jeg nå var klar for å se det hele i et større perspektiv.

Graviditeten

Selvstendig som jeg var, hadde jeg vært verdens sprekeste mens jeg ventet tvillinger. Bortsett fra å skulle manøvrere i trange kafeer uten å velte gjestene av stolene når jeg snudde på kroppen, plaget det meg ikke det minste at jeg la på meg trettitre kilo under svangerskapet. Til siste dag av graviditeten, hadde jeg stolt løpt opp og ned trappene til fjerde etasje. Jeg hadde ikke engang vært kvalm, jeg hadde ikke hatt fysiske plager av noe slag. Det mest plagsomme i den forbindelse, hadde vært de sterke bivirkningene av hormontilførselen, som måtte til for å finne ut om jeg, mot alle odds, i det hele tatt ville kunne bli gravid. Hvis noen synes en enkelt menstruasjon kan være plagsomt, vil det kunne gi en indikasjon på hvordan innsprøytninger av store doser hormoner setter alt ut av balanse. I mitt tilfelle ga det resultater. På andre forsøk ble jeg gravid med tvillinger.

Så kom den dagen da jeg måtte innse at uansett hvor gjerne jeg ville det, kunne jeg ikke få oppleve en naturlig fødsel. De dyktige legene hadde tatt eierskap i sitt eget mesterverk, og ville av generelle sikkerhetshensyn sette fødselen i gang ei uke før termin. De ga meg en dato for oppmøte. Jeg gjorde en iherdig egeninnsats, hoppet over dørstokker og vasket dører og karmer fra topp til bunn. Men uansett hva jeg fant på, var det ingen tegn til at fødselen ville la seg framprovosere uten tvang. Legenes kyndige tvang. Kunstig fremkalte veer.

Alt i meg protesterte den dagen. Selv føttene hovnet opp allerede før jeg hadde kommet meg ut av døra, så jeg ikke kunne få på meg støvlettene mine. Jeg møtte opp på sykehuset om morgenen i herresko. Fortsettelsen vil jeg nødig gå i detalj om. To velskapte gutter ble født, før dagen var over. Erfaringen ble en brutal historie for min del. Men med guttene gikk det bra. Jeg pleide å si til meg selv, at to liv i bytte mot ett hadde vært en bra handel. De ble fem år gamle, før det gikk opp for meg hvordan alt ble stadig litt lettere, og at livet mitt kanskje ikke var slutt likevel. Jeg var kommet til et punkt hvor jeg begynte å føle meg sterk igjen, og guttene begynte å klare seg selv lenge nok til at jeg rakk å trekke pusten. Noe begynte å forandre seg i min bevissthet.

I alle årene som har gått siden den tiden, har jeg langsomt og gradvis våknet opp til et stadig klarere fokus på hvordan alt henger sammen. Det ene fører til det andre, og hele veien er det mulig å foreta valg som endrer retningen. Først handlet det om de helt konkrete fysiske valgene. Noen ganger er det så ufattelig mye man ønsker å ta hensyn til. Ikke bare andre mennesker som direkte eller indirekte berøres, men etablerte strukturer, avtaler, vaner, forventninger, praktiske ordninger, ting. Følelser. Ukontrollerbare konsekvenser.

Alt henger sammen, på alle andre måter enn delene i et velsmurt urverk av beste kvalitet. Tid er en illusjon, skapt av mennesker, for mennesker, så de kan passe inn i en etablert samfunnsstruktur. Tradisjonelle samfunnsstrukturer er vanligvis basert på makt og kontroll. Ikke på tillit. Jeg begynte å forstå noe om urverk og om tillit. Det er vanskelig å foreta valg, som bryter med det mekaniske urverkets oppbygning. Men det finnes andre løsninger. Jeg hadde en iboende trang til å stole på meg selv, på livet. Tillit skaper ikke begrensende strukturer. Tillit tillater i fryktløs aksept, i dyp visshet om at alt vil tjene en større hensikt, der hvor det gis tilstrekkelig rom for utfoldelse og utvikling.

Inntil verdien av personlig tillit er erfart, ved gjentatte og kontinuerlige opplevelser, blir det bare ubegripelige ord. Ord som vil kunne berøre noen strenger i en oppvåknende bevissthet, utløse emosjoner, tanker, minner. Energier blir satt i bevegelse på måter som vekker oppmerksomhetens interesse. Det ene vil føre til det neste, i en umerkelig og gradvis utvikling. Kollektivt og individuelt. Den individuelle utviklingen er en totalt personlig opplevelse. Selv om puslebrikkene er de samme, legger alle sitt helt personlige puslespill, i sin egen rekkefølge, i sitt eget tempo. Før eller senere vil man begynne å få et glimt av det store bildet av hvordan alt henger sammen.

Det var et sånt glimt jeg fikk av en større sammenheng, mens jeg lå der og ventet på å bli trillet inn til operasjon. Jeg gjenkjente motstanden mot legers maktarroganse, fra den gangen jeg ikke fikk velge en naturlig fødsel for min egen kropp. Jeg hadde vært altfor beskjeden på den tiden, til i det hele tatt å tenke tanken på å insistere, kreve, forlange. Jeg ville ikke engang ha lagt merke til det, om tilbudet var der, så lenge jeg ikke ble pålagt å velge. På den tiden ville jeg nok helst slippe å vite at jeg eventuelt kunne ta et sånt valg. Det er så mye lettere å være skuffet og misfornøyd, så lenge man tror at noen andre bærer ansvaret. Det er et privilegium og en byrde. Men byrden kan virke enda tyngre å bære, om man har stått alene om ansvaret og valget, og det eventuelle utfallet, uten å ha følt seg moden og klar for det.

Nå så jeg i et glimt hvordan alt hadde støttet opp om min egen motstand. Spesielt ved den viktige begivenheten, av å skulle føde to barn til verden. Så stolt over å være så frisk og optimistisk, og likevel måtte bøye meg for de høye herrer. Det var min egen motstand som hadde manifestert seg i hver minste detalj i denne opplevelsen. Selv den minste puslebrikke i denne delen av det store bildet, inneholdt et element av selvforakt for å ha latt meg krenke. All min motstand mot strukturene og systemet slo tilbake på meg selv som piskeslag av fornedrelse. Min avmakt og fortvilelse ga seg utslag i fysiske symptomer, alvorlige, men akkurat nok til at jeg kunne fortsette å leve ut min lidelse, mitt nederlag, min tapperhet, min tålmodige aksept. Hele tiden i tillit til at dette også tjente sin hensikt, langt utover hva jeg hittil hadde kunnet begripe.

Nå visste jeg at dette var min mulighet. Dette var en gave jeg hadde gitt meg selv. Det jeg var i ferd med å oppleve, var min egen oppreisning. Ingen hadde makt over meg lenger. Makt hadde aldri vært noe annet enn en illusjon. Alt var helt og holdent opp til meg selv og de valgene jeg foretok.

Jeg trakk pusten dypt, og visste at akkurat dette øyeblikket var selve kjernen i hele opplevelsen.

Alt dette måtte til, på akkurat denne måten, for at jeg skulle forstå. Det var ene og alene min egen motstand som hadde laget problemer for meg hele veien. Motstand produserer vanskeligheter for å bekrefte seg selv. Det betyr ikke at den er ond, eller at onde krefter står bak, det betyr bare at den er akkurat det den er, og at valget var mitt. Jeg trengte bare å bli oppmerksom på den. Den hadde gitt seg til kjenne igjen og det hadde gitt meg en innsikt og et valg. Min motstand mot leger og sykehus var basert på holdninger jeg på ingen måte ønsket å la meg styre av lenger.

Endringen skjedde momentant. Opplevelsen som fulgte ble helt annerledes, til hver minste detalj. Stemningen var munter og operasjonsteamet kom og presenterte seg for meg, en etter en. De skravlet med meg, til og med etter at jeg hadde fått på oksygenmasken, og de tok den av igjen for å forstå hva jeg svarte. Jeg følte meg så trygg og så glad, lettet for de tunge byrdene jeg hadde båret på i alle disse årene. Byrder av ydmykelser jeg ikke ante at jeg ubevisst selv hadde lagt opp til, ved min egen passive tillatelse. Tillatelse basert på motstand mot å kreve noe for meg selv og bli stående til ansvar. Jeg sovnet inn i narkosen i den trygge vissheten om at jeg var i de beste hender.

Da jeg ble vekket igjen, hadde det bare gått en drøy time. Jeg ble forbløffet over å oppdage at jeg følte meg lys våken og veldig klar for mat. De holdt meg til observasjon i en time, og den gikk forbausende fort. Jeg måtte innom røntgen igjen, for femte gang, så det gikk enda en time før jeg kunne velte meg i steinbittkarbonader med fløtestuede gulrøtter, poteter og sjokoladepudding. Stemningen var munter fra alle hold. Jeg behøvde ikke engang å ta smertestillende. Valget var mitt; det var en helt annen sykepleier som hadde vakt. Hun la igjen tabletten på nattbordet mitt og anbefalte at jeg tok den før jeg nådde smertetoppen. Jeg spurte hvordan jeg kunne vite når det ville skje. Det kunne jeg ikke. Jeg spurte om hva som kunne bli konsekvensene. Hun forklarte at det kunne ta en halvtime før tabletten virket. En halvtimes smerte i denne sammenheng virket som en bagatellmessig risiko. Resultatet ble at jeg ikke tok ei eneste pille, til tross for at jeg var blitt skåret i to ganger, boret opp, montert og skrudd sammen, lappet og sydd. Det ble aldri noen smerte. Det ble bare stolthet og glede!

Jeg følte meg lettet og klar for å dra hjem. Jeg moret meg over at kirurgen måtte ha sleivet med skalpellen, for jeg våknet med et rift i tuppen på langfingeren.

Gjennom de åpne vinduene hørte jeg et nytt liv komme til verden i fødeavdelingen to etasjer under. Det føltes nydelig og symbolsk. Faktisk opplevde jeg hendelsen med armbruddet som det flotteste og mest personlige som skjedde meg det året.

En viktig del av denne opplevelsen, skjedde noen uker senere, da jeg skulle på kontroll hos den første legen som hadde operert meg. Skiltet på døra til kontoret hans fortalte meg at han var overlege på avdelingen. Nå som jeg hadde fått avstand til det hele, og sett situasjonen i lys av et helt nytt perspektiv, endret også min opplevelse av legen seg. Jeg hadde oppfattet ham som akkurat så arrogant, som de kirurgene jeg hadde sett i diverse tv-serier. Det hadde faktisk vært en egenskap jeg hadde beundret, for jeg forsto viktigheten av at de anerkjente seg selv og ikke tillot at noe fikk forstyrre deres fokus og tilstedeværelse. Det ville være avgjørende i de krevende situasjonene, hvor de ofte sto i sentrum av det totale kaos, med ansvaret for det hårfine skillet mellom liv og død. I min egen situasjon, hadde jeg tolket det hele gjennom et filter av motstand mot at jeg i det hele tatt befant meg på et sykehus igjen. Jeg hadde under mitt rolige ytre vært opprørt og frustrert, og det hadde gjenspeilet seg i alt jeg så. Nå møtte jeg en lege som tok meg imot med omsorg og tålmodighet. Da han skulle undersøke utviklingen av arret mitt, kjente jeg hvor myke og kjærlige hender han berørte meg med. Han satt og holdt meg i hånden mens han snakket. Det kjentes som om han elsket jobben sin. Jeg følte meg rørt og glad, og det hadde ingenting med legen å gjøre. Det var et utslag av vissheten om, at ved å gjøre noen små justeringer i mitt eget perspektiv, hadde jeg endret min virkelighetsoppfatning. På denne måten kunne jeg enkelt omskape hele mitt verdensbilde til noe strålende vakkert. Selv om jeg alltid visste dette, var hver eneste bekreftelse som den rikeste gave.

Høyre arm

Alle hilser på høyre hånd. Den venstre får sjelden noen oppmerksomhet.

Venstre hånd hadde plutselig våknet til liv og fått sin mulighet til å skinne, mens den høyre var så fullstendig satt ut av spill. Jeg moret meg over den uventede iveren den venstre hånden utstrålte, nå som hun endelig fikk slippe til. Jeg ville skjære løk, men tenkte at det ikke lot seg gjøre lenger. Men, den venstre hånden glødet av entusiasme. Hun skar løk helt selvstendig og uproblematisk. Hun overtok med største selvfølge de oppgavene, som hun hittil stort sett bare hadde fått være med å assistere. Hun utførte oppgavene lekent og entusiastisk, som et barn som utforsker livet. Enten fikk hun det til, eller så fantes det andre løsninger. Det var ikke så viktig.

Den høyre armen representerte evnen og trangen til å fikse ting. Aspektet skapte et løsningsorientert fokus i retning av ting som ikke var i orden. Det kunne lett ta oppmerksomheten bort fra øyeblikkets tilstedeværelse og de mulighetene for nytelse det inviterte til. Jeg hadde villet fikse situasjonen for småbrukeren som trengte rehabilitering, selv om jeg egentlig ikke følte den minste entusiasme for oppdraget. Bare fordi det var tilgjengelig for meg der og da, grep jeg muligheten til en ny erfaring. Det knuste håndleddet ble som et symbol på hvordan jeg hadde undergravd forutsetningene for min egen selvtilstrekkelighet, ved et fokus på at noen trengte meg, istedenfor på hva jeg virkelig hadde lyst til. Hvis noen trenger meg, betyr det at jeg trenger noen andre, og så lenge jeg tror det, så er det sånn. Og sånn ble det. Jeg trengte et helt sykehus, hvor jeg var innom en lang rekke avdelinger og engasjerte enda flere mennesker. Jeg trengte noen, fordi jeg trodde at noen trengte meg. Jeg ønsket at noen ville ha min engasjerte hjelp og veiledning. Jeg var så villig, at jeg endte opp med å veilede en saueflokk.

Isteden ble det saueflokken som viste meg noe. I denne saueflokken fant jeg noe jeg ikke visste at jeg lette etter. Sauene ble en ledetråd til en større klarhet om noe som allerede var der, uten at jeg hadde vært oppmerksom på betydningen av det. Det hadde utviklet seg til en erfaring, som jeg fikk lyst til å formidle noe om.

Men, det var noe annet som ble utløsende for at jeg begynte å nedtegne mine historier. Det var en visjon som hadde vist seg for meg, og som alltid kom tilbake til meg, uansett hvor mye jeg syntes jeg ga slipp på den. En visjon om å skape meg en tilværelse, spesielt designet for å imøtekomme alt det jeg ønsket meg mest i dette livet. Det vil si, den delen av livet som åpnet seg for meg, etter at erfaringene av ekteskap og barneoppfostring var tilbakelagt. Først lå den der, som et frø i min bevissthet, som langsomt og gradvis åpnet seg og begynte å spire. Så vokste den seg inn i opplevelsene mine og påvirket mine valg og mitt fokus. Jeg kom til et punkt i livet, hvor jeg begynte å samle historiene mine, for å se om jeg kunne komme til noen klarhet om hvor denne visjonen ville føre meg. Det virket som, at jo nærmere jeg kom og jo mer jeg følte at visjonen manifesterte seg, jo mer mistet jeg kontakten med den. Litt på samme måte som da jeg en grytidlig morgen beveget meg i retning av en dott med morgentåke i det fjerne. Da jeg omsider sto midt i den, så jeg ikke tåka lenger, fordi den kun besto av en dis av mikroskopiske vanndråper. Mens sola var i ferd med å stå opp, gikk tåka umerkelig i oppløsning. Og så hadde en helt ny morgen oppstått, mens mitt fokus hadde vært rettet mot en tåkedott. Visjonen min hadde båret i seg et løfte om en sånn helt ny morgen av strålende klarhet.

I denne nye klarheten ville selvtilstrekkelighet innebære at jeg ikke ville være avhengig av andre og ingen ville trenge meg. Jeg visste hva det innebar, for jeg hadde opplevd utallige eksempler allerede. Ofte, når jeg trengte noe eller virkelig ønsket meg noe, oppsto det bare. Plutselig var det noe der for meg, i form av en helt annen løsning enn jeg hadde kunnet forvente. Kanskje så enkelt som ved en bemerkning i en helt annen sammenheng, et tilsynelatende tilfeldig hendelsesforløp, eller en situasjon som helt uventet oppsto til min fordel. Alltid med perfekt timing. Å tiltrekke seg løsninger, er en naturlig egenskap, som alle har personlig tilgang til. Det er bare så uvant, fordi denne egenskapen har vært overstyrt av holdninger og overbevisninger, som har trukket oppmerksomheten i helt andre retninger. Den som ikke selv er i personlig kontakt med denne egenskapen, vil ikke engang tro på at den eksisterer. Men det fungerer for den som tillater.

Jeg hadde levd et rolig liv. Jeg hadde oppfattet meg selv som en stillesittende person, naturlig utstyrt med en velutviklet sittemuskel. Jeg hadde samlet på så mye i mitt liv, og mer enn noe, har jeg samlet på erfaringer. Jeg hadde på mange måter verdsatt uforutsigbarhet høyere enn trygge rammer. Min mor fortalte, at i mitt første leveår satt jeg rolig der hun plasserte meg, helt til hun flyttet meg til et annet sted. Så satt jeg der, til jeg en dag, uten forvarsel reiste meg og gikk.

Og så fortsatte jeg å gjøre det på den måten.

Tilsynelatende har det alltid ligget latent i min bevissthet, at dette livet hadde noe helt spesielt i vente for meg. I mellomtiden måtte jeg bare finne min plass i samfunnet og familielivet, på de måtene jeg kunne.

I midten av tenårene lovet jeg å være tro mot meg selv i dette livet. Jeg levde en tilbaketrukket tilværelse, og oppholdt meg for det meste alene, selv om jeg alltid var omgitt av folk. Jeg observerte verdens ubalanser, menneskers tilbøyeligheter, og de brutale påvirkningene det av og til hadde på meg. I min isolasjon fant jeg oppmuntring i en dyp visshet om at jeg bar på en hemmelighet. Så hemmelig, at selv ikke jeg ante hva den innebar. Jeg bare visste noe jeg ikke kunne definere, og det føltes godt og trygt. Tillit. Kanskje var min tillit en del av hemmeligheten. Den totale roen i den innerste vissheten om at alt er som det skal være. Alt vil vende seg til min fordel, uansett hva det ellers ser ut som. Det ga meg vissheten om at uansett hvilke valg jeg ville ta, ville det føre meg til en større bevissthet, om hva som var av betydning for meg å vite noe om. Og akkurat det var alt jeg behøvde å vite. Jeg tenkte ikke på den måten i tenårene, men det var dette jeg følte når jeg kjente at jeg bar i meg en dyrebar hemmelighet. Det var bare på den måten jeg kunne ane, at i en utvidet bevissthet ligger alle svar og alle muligheter tilgjengelige for meg, i det øyeblikket jeg trenger dem. Alt vil kunne legge seg perfekt til rette.

Så snart jeg hadde flyttet ut av barndomshjemmet og fått avstand til alt det som hadde styrt min hverdag, opplevde jeg en dyp indre glede som forundret meg. Jeg våknet om morgenen i en liten leilighet i hovedstaden, satte meg på kanten av divanen jeg hadde sovet på, og stilte meg forundret spørsmål ved hvorfor i all verden jeg følte meg så glad. Jeg kjente en sånn sitrende fryd fra dypet av min eksistens, som bare oppsto helt uten noen som helst slags påviselig årsak. Det var en sånn fryd som man kan se hos små barn, som stråler av livsglede, helt i begynnelsen av et liv de ikke vet noe om. Den gleden satte en standard for meg, for hva som er mulig i dette livet.

Så kom voksenlivet og tok meg, brått og uventet, og bød meg på et rikholdig utvalg av erfaringer. Og jeg forsynte meg.

Mange år senere opplevde jeg den samme intense fryden igjen, etter at jeg omsider hadde løsrevet meg fra ekteskapet. Den strålte fra innsiden. En ukjent mann jeg møtte på et fortau, spurte om jeg var forelsket. Han bemerket at jeg gikk og smilte. Jeg var forelsket i livet, i friheten til å kunne utfolde meg som den jeg var, uten hensynet til mine omgivelsers begrensninger og restriksjoner. Jeg hadde gitt meg selv rom for å leve ut mine innerste gleder, som aldri behøvde å være betinget av ytre faktorer. Min naturlige innerste fryd over å eksistere trengte ingen oppmuntring. Den trengte bare fritt spillerom for sin utfoldelse.

Eventyret jeg fortalte meg selv om mitt eget liv, begynte så smått å ta form på det tidspunktet. Den friheten jeg hadde smakt på, hadde bare vært en smaksprøve.

Bolig

Jeg hadde drømt om å bo i hele mitt liv, helt siden jeg fikk mitt første egne rom da jeg skulle begynne på skolen. Jeg drømte ikke om mann og barn og familie, men om et helt spesielt hus. Jeg forestilte meg et helt spesielt miljø, som ikke var inspirert av noe hjem jeg hadde sett eller opplevd. Det kom fra et dypt indre ønske om hva jeg gjerne ville oppleve i livet mitt, langt utover de tradisjonelle familiestrukturene. Jeg så for meg et kreativt sted, hvor jeg kunne føle meg hjemme og være i fred. Sånn som jeg kunne i det lille rommet mitt, adskilt fra de bråkete småsøstrene mine. Jeg forestilte meg at fra dette utgangspunktet, ville jeg fritt kunne ha kontakt med ulike mennesker, akkurat så mye eller lite som jeg trivdes med. Dette var lenge før mobiltelefoner, internett og Facebook. Selv telefonen var på den tiden noe man ikke benyttet i tide og utide.

Min aller første leilighet kjøpte jeg, da jeg var tjue år gammel og hadde bodd i Oslo i et år. Jeg fant en leilighet som jeg ville ha, men en annen budgiver bød over min grense, og fikk tilslaget. Jeg kunne ikke fatte det, for jeg hadde jo bestemt meg. Jeg forventet å få det som jeg ville, når jeg først hadde bestemt meg for noe. Valget hadde skjedd spontant og uten grundige vurderinger. Så snart jeg eventuelt begynte å vurdere, ville jeg ha blitt rammet av beslutningsvegring. Foreldrene mine hadde alltid stolt på meg. De anså meg som den fornuftige, hun som tok veloverveide valg. Til hverdags lot jeg dem gjerne ta valgene på mine vegne. Men når noe virkelig betydde noe for meg, forventet jeg stilltiende å få det som jeg ville ha det. Jeg hadde enkelt fått meg bolig, da jeg skulle dra til hovedstaden for å gå på skole.

Også på den tiden snakket folk om hvor vanskelig det var å få seg et sted å bo i hovedstaden, hvor vanskelig det var å komme inn på de skolene man ville, hvor vanskelig det var å få seg en jobb. Det var aldri mitt fokus. Jeg kom inn på de skolene jeg ville, jeg fikk meg et sted å bo på enkleste vis. En dag så jeg en kveldsjobb jeg fikk lyst på etter skoletid, da jeg passerte en fyr i uniform. Jeg gikk rett bort og spurte ham om jeg også kunne stå der. Det viste seg at han som hadde jobben i vaktselskapet, mer enn gjerne ville avløses med det samme. Et døgn senere var det jeg som sto der i uniform.

Derfor kunne jeg ikke fatte at jeg ikke skulle få den boligen jeg hadde sett meg ut i sentrum av byen, like ved skolen jeg gikk på. Jeg visste at dette var mitt sted. Og likevel var det en annen som hadde snappet det fra meg. Jeg syntes det ville være påfallende om denne andre kjøperen skulle få en takstein i hodet eller bli påkjørt av trikken akkurat der og da. Det utrolige skjedde, at etter en ukes tid fikk jeg beskjed om at leiligheten kunne bli min likevel. Det skjedde så enkelt som at den andre kjøperen ikke hadde økonomisk ryggdekning. Selv hadde jeg spart hele studielånet og levd sparsomt, nettopp for et sånt formål. Jeg gikk på urmakerskolen, og jeg hadde ingen inntekt av betydning, men jeg hadde nettopp giftet meg med en som hadde. Det var en kombinasjon banken likte og aksepterte.

Jeg var så opptatt av bolig, at jeg hadde vurdert å utdanne meg til noe som var nært relatert til temaet. Isteden valgte jeg en retning som var mer nærliggende for mine flittige hender. Først møbeltapetsererskolen og deretter urmakerskolen. Jeg elsket å gå på skole. Jeg elsket klassesituasjoner, opplevelsen av tilhørighet til en gruppe av frittstående og unike individer, som befinner seg på samme sted av samme ønske, uavhengig av hverandre. Jeg likte muligheten for å kunne komme og gå, ideelt sett uten å bli stilt forventninger til, og uten å måtte gjøre rede for meg. Jeg gikk i sju år på videregående, fire av dem i Oslo, til jeg innså at jeg måtte slippe taket. Så var jeg klar for å flytte igjen.

Det skjedde som en følge av at jeg var på besøk hos en gammel skolevenninne, som hadde flyttet inn i en av de nye terrasseleilighetene som var satt opp helt i utkanten av Oslo. Jeg forelsket meg så fullstendig i leiligheten med den store terrassen, og bestemte meg for at en sånn bolig ville jeg ha. Men jeg stilte en avgjørende betingelse; jeg ville fortsatt bo sentralt. Det gikk ikke mange dagene, før Aftenposten i hele sin opprinnelige bredde, hadde et tosiders oppslag om tilsvarende leiligheter, som skulle bygges like i utkanten av byen. Akkurat den typen som jeg hadde bestilt. Bussen, som kjørte den korte ruten til sentrum, passerte stedet hvert sjuende minutt.

Det var bare en hake ved det attraktive prosjektet; dette var et samarbeid med kommunen. De krevde at man stilte en passende leilighet til disposisjon i bytte, som kommunen kunne benytte til sine sosiale formål. Den leiligheten jeg hadde å tilby, var kommunen ikke interessert i. Jeg lot meg ikke stoppe av det. På mirakuløst vis hadde jeg klart å manifestere akkurat det jeg ønsket meg. Resten var kun formaliteter. Jeg stilte så mange spørsmål som jeg trengte å få svar på. Så finkjemmet jeg markedet for leiligheter som kunne passe med kommunens betingelser. Like før fristens utløp, fikk jeg omsider bekreftende svar fra kommunen. Jeg hadde funnet et objekt de ville akseptere. Dermed solgte jeg leiligheten i byen, kjøpte en leilighet i en av drabantbyene, solgte den videre til kommunen og kjøpte min utvalgte hjørneleilighet øverst i fjerde etasje, akkurat der hvor jeg ville bo.

Jeg var gift med en sjømann. Han var alltid et helt annet sted, når det var flytting på gang. Jeg pakket alle sakene våre og flyttet til den midlertidige boligen for et halvt år. Derfra flyttet jeg videre til den ferdigstilte leiligheten, så snart den sto klar for innflytting. En helt ny og moderne hjørneleilighet i toppetasjen, akkurat der jeg hadde pekt den ut, med to verandaer og diger balkongkasse til å plante i.

Det var der vi bodde da jeg løp i trapper og hoppet over dørterskler for å igangsette en naturlig fødselsprosess. Det var en helt annen terskel som stoppet meg, men det visste jeg ikke da. På det tidspunktet visste jeg ingenting om hvilke enorme personlige forandringer jeg skulle komme til å gjennomgå i løpet av de kommende årene.

Vi flyttet igjen da guttene var et halvt år gamle, og da de var tre, og da de var tre og et halvt, og så ble det skilsmisse og nye flyttinger og flere flyttinger, og mye fram og tilbake og hit og dit.

Sykemeldt

Livet tok brått en ny vending. Jeg ble sykemeldt og måtte gradvis innse at det ville komme til å bli langvarig. Jeg hadde da fått kjøpt meg en egen bolig igjen, etter å ha forlatt ekteskapet. I tillegg viste det seg ganske snart, at boligen hadde en omfattende vannskade. Det ble en langvarig sak, og en tilleggsbelastning, som endte med advokat og rettssak.

Selv om det var en tung periode, var det også i denne perioden jeg begynte å innse at livet hadde noen sider, som jeg hittil ikke hadde vært i berøring med. Jeg forsto det med det samme jeg ble liggende og ikke kunne lette hodet fra puten jeg våknet på. Jeg visste at jeg ikke var syk, og jeg visste at jeg ikke hadde skadet meg. Jeg visste at det måtte være en annen årsak, som jeg ikke nødvendigvis kunne forstå. Det var generelt mye som begynte å røre seg i menneskenes bevissthet i denne epoken. Det ga seg utslag overalt. Man sa ikke «De» til kundene i butikkene lenger og skilsmisser var blitt så vanlig, at det begynte å bli akseptert. Menneskene senket skuldrene og trakk pusten på en helt annen måte enn tidligere. Det ble arrangert alternativmesser, med mulighet for å stifte bekjentskap med sider av livet de fleste så lite til i en travel hverdag. Og så var det mobiltelefoner, datamaskiner og internett. Det var så mye som foregikk, så mye som var nytt og uutforsket, mens årtusenet var i ferd med å nærme seg sin uforutsigbare slutt.

Jeg hadde en gammel bil, men jeg ønsket meg så inderlig en sånn Chevrolet van som naboen min hadde. En diger, svart bil, med masse plass til å boltre seg i. Så sto han plutselig på døra mi en dag, og spurte om jeg ville ha en van. Jeg hadde ligget og sovet, som jeg så ofte gjorde, så jeg var ikke helt våken og klar. Jeg trodde han spurte om jeg ville ha en mann.

- Hva?

Han gjentok spørsmålet. Jeg tenkte at jeg måtte ha fått meg usedvanlig omtenksomme naboer.

- En mann?

- En van!

Da guttene kom fra skolen, sa jeg at jeg hadde fått en idé. Jeg hadde tenkt at vi kunne gi hverandre store julegaver det året. Jeg foreslo at hvis de fikk tjue tusen kroner hver, kunne jeg få den store bilen da? Guttene ble henrykte over forslaget. Jeg levde med en meget trang økonomi, men min kreativitet lot dem aldri få noen opplevelse av det. Sparsom som jeg var, hadde jeg førti tusen i banken, som jeg nå ville bytte inn i en sånn bil som jeg ønsket meg. Vi dro ned til banken og tok ut beløpet i kontanter. Jeg delte ut pengene til guttene, og ønsket dem god jul. De spredte ut sedlene og viftet seg med dem hele veien tilbake. Da vi kom fram, løp de rett opp til naboen. Så kom de ned igjen og sa at nå hadde de kjøpt bil til meg. Jeg anbefalte dem å be om en kvittering neste gang de leverte fra seg så mange penger.

Med denne digre bilen, kjørte jeg til rettslokalet. Jeg forestilte meg at den forrige huseieren ville komme til å spørre meg om hva jeg skulle med en så stor bil. I egenskap av å være rørlegger, lå han rimelig tynt an i denne saken. Det var noe med hele hans fremtoning, som gjorde at jeg krympet meg i hans nærvær. Jeg ville svare at jeg ville kjøre over alle som skapte trøbbel for meg. Jeg kjente at denne bilen representerte akkurat den kraften som jeg lengtet etter å kjenne i meg selv.

Jeg følte meg så trygg, selv om jeg også følte meg svak. Jeg satt inne i rettslokalet og betraktet alle de dresskledde mennene, som hadde stilt opp bare for meg. Jeg følte meg beæret og stolt. Jeg så at den ene av vitnene som var innkalt, var så nervøs og fomlete at han rotet til alt han ville formidle. Dommeren var så arrogant og smålig, at han satt og gjorde narr av vitnet med gretne spydigheter. Jeg så at de alle sammen bare var små usikre mennesker, i hver sine tildelte roller. Mens jeg satt der midt i alvoret blant dresskledde menn, på denne dagen jeg hadde fått utpekt til å nå mitt absolutte bunnpunkt, åpnet skydekket seg. Sola brøt inn gjennom et av de høye smale vinduene, og skinte rett på meg. Bare på meg, mens de mørke dressene forble i skygge og halvmørke. Der satt jeg badet i sol, mens saken gikk sin gang. Det var et fantastisk øyeblikk, et helt spesielt øyeblikk, fordi jeg hadde fått akkurat denne datoen forutsagt av ei som hadde tolket horoskopet mitt.

Jeg hadde fått en sånn konsultasjon i gave, og det hadde gått et helt år før jeg hadde benyttet meg av den. Jeg var ikke opptatt av den slags, og jeg ønsket ikke å bli påvirket av det. Under seansen hadde jeg notert meg noe av det som ble sagt, men det var først da jeg hadde vært sykemeldt en stund, og merket at det ble stadig tyngre for meg, at jeg husket at noe hadde vært nevnt om et bunnpunkt et stykke fram i tid. Jeg lurte på hvor langt ned jeg egentlig skulle, så jeg kontaktet henne igjen for å få vite hva det var hun hadde sagt. Hun ga meg en helt konkret dato. Det viste seg at rettssaken til sist ble satt til akkurat denne spesielle datoen, etter en utsettelse i siste øyeblikk, på grunn av at motparten hadde skadet seg. Uansett hva som ble utfallet av saken, ville det markere et vendepunkt for meg på så mange måter. Rettssaken endte i min favør. Skadene ble omsider utbedret, selv om det også tok sin tid og vi måtte leve i førti dager uten annet toalett enn bensinstasjonen nede i veien.

Utenfor kontroll

Idet jeg parkerte for mitt første møte med en gestaltterapeut, oppdaget jeg at jeg hadde kjørt helt feil, og jeg lurte på hvordan i all verden jeg hadde havnet der. Sykemeldingsperioden hadde tatt meg så langt bort fra alle fokuserte gjøremål og daglige rutiner, at jeg hadde begynt å legge merke til en tendens til hvordan ting på magisk vis la seg til rette for meg uten min innvirkning. Jo mindre kontroll, jo mer oppsto noe av seg selv, helt uventet og på måter jeg verken hadde kunnet forvente eller forutse. Derfor gikk jeg ut av bilen og inn i forretningen tvers over veien. Det var en litt kaotisk forretning, som solgte importerte småmøbler og pynteting. Det første jeg fikk øye på, var ei lita kiste. Jeg elsket sånne skattekister, som kunne inneholde hva som helst. Så oppdaget jeg en litt mindre, og lenger inne i butikken fant jeg enda en. Jeg tok med meg den minste kista og noen andre ting jeg hadde valgt meg ut. Så gikk jeg tilbake for å hente de to større kistene jeg hadde sett på først. Da jeg fant dem, hadde det i mellomtiden kommet store røde lapper på dem. Prisen var blitt kraftig nedsatt.

I bilen innså jeg at disse skattekistene var som en metafor på livet mitt. Det var jeg som var skatten jeg trengte å oppdage.

Spontant hadde jeg begynt å tegne i denne perioden. Jeg hadde ei tegneblokk liggende under senga mi, som jeg hadde hentet fram ved en anledning for å vise fram noen gamle tegninger. Et sted langs veien hadde jeg også i et øyeblikks inspirasjon kjøpt noen fargeblyanter. Så skjedde det en kveld jeg hadde lagt meg uten å sovne, at jeg spontant trakk fram blokka og fargeblyantene, og begynte å tegne. Det kjentes som om noe i meg ville kommuniseres til meg gjennom tegningen. Uten at noen bevisste tanker var involvert, tegnet jeg et egg. Jeg tegnet sprekker i egget. Jeg tegnet en kvinne som lå sammenkrøket inni egget. De definerte rammene hadde begynt å revne. Alt var i forandring, på de måtene som måtte til for at noe helt nytt kunne oppstå. I tiden som fulgte, søkte hendene mine etter blyant og fargeblyanter helt av seg selv. Blikket søkte tegningene jeg hadde stående framme, en etter en, som om det var noe i dem som måtte tas inn og absorberes. Ikke tolkes og forstås, bare føles og erfares.

Kistene jeg kom hjem med, inspirerte meg til å tegne den åpne skattekista. Jeg ville illustrere at den hadde dukket opp fra sitt skjulested og avdekket det glitrende innholdet. Jeg koste meg med oppgaven, som plutselig tok en helt uventet vending. Opp av skattekista tegnet jeg en hånd som holdt ei klar glasskule. Jeg forsto umiddelbart at det viste meg at det er jeg som har hånd om mine egne verdier, men hva ville krystallkula symbolisere? Den inneholdt ingenting synlig eller forståelig. Bare potensialer. Den var et mysterium. Et intenst personlig mysterium. Den viste meg alle mulighetene jeg ennå ikke var i stand til å se.

Gestaltterapeuten holdt til i et atelier, mens det nye kontoret hans var under bygging. Han fortalte meg at kona hans skulle holde malekurs. Det var kun én ledig plass igjen på kurset. Den var til meg.

Gestaltterapeuten hadde bedt meg om å tegne meg selv som en rose, og rådet meg til å gå ut og kjøpe en rose, som skulle symbolisere meg og hvordan jeg ville behandle meg selv. Jeg oppdaget snart at det var nærmest umulig å finne en rose hvor ikke tornene var amputert. Så fant jeg en fantastisk silkerose, nedstøpt i en vase fylt med betong. Jeg kjøpte den. Den hadde tynn stilk, ingen torner, og bare noen få blader under det store vakre hodet, akkurat som den rosen jeg hadde tegnet.

Jeg så til at den ble behandlet med verdighet, og krympet meg da ekspeditrisen brutalt viste meg hvordan stilken kunne formes, for den hadde en kjerne av ståltråd. Hun pakket den vakkert inn for meg, med silkepapir og klar cellofan. Nå så den helt ekte ut. Sånn bar jeg den stolt igjennom byen.

Ved mitt neste møte med terapeuten, tok jeg med rosen og plasserte den midt på det lille bordet mellom oss. Terapeuten så ikke at den ikke var ekte før jeg sa det til ham. Brutalt bøyde han ståltrådstilken i alle retninger, for å vise hvor tøyelig og medgjørlig jeg var på min egen bekostning. Han tok omkring det store blomsterhodet og dukket det ned i bordplaten, mens han sa, *Boff! Boff! Boff! Boff!* Så slapp han rosen, som straks rettet seg opp igjen og sto like fin som før. Han gjentok dette igjen og igjen. Jeg kunne bare le av det. Jeg skjønte så godt hva han mente.

På veien hjem spilte bilradioen en sang jeg aldri hadde hørt før; *Treat me like a rose.*

Denne samme terapeuten bemerket også med forundring at jeg aldri skyldte på noen andre, uansett hva jeg hadde opplevd. Jeg tok eierskap i at mine opplevelser var mine. Mine tolkninger av det som skjedde, var mine. Hvordan jeg håndterte det jeg opplevde, var ene og alene opp til meg og mine valg.

Oslokart

Mot slutten av de to årene jeg var sykemeldt, hadde jeg min første visjon som handlet om å skaffe meg en ny bolig.

En kveld før jeg sovnet, hadde jeg ligget og sparket med beina og fektet i luften. Jeg hadde følt det som om noe holdt meg fast. Følelsen satt i fortsatt, da jeg våknet. Det var som om jeg var fanget i et nett. Jeg orket ikke å stå opp. Jeg lukket øynene og forsøkte å se for meg nettet mitt.

Det er som om jeg henger i en snare.

Jeg ser for meg at jeg tar en gedigen kniv og skjærer en lang vertikal åpning i nettet foran meg, så jeg kommer meg fri. Så krøller jeg nettet sammen og hakker det i biter. Plutselig forsvinner det i et opphøyet hull i bakken, og et lokk lukker seg over hullet. Jeg legger kniven ifra meg ved siden av hullet og trykker en stor stein over lokket for sikkerhets skyld. Så går jeg min vei. Jeg befinner meg plutselig på det punktet hvor så mye startet for meg, da jeg hadde flyttet hjemmefra for å begynne et nytt liv i hovedstaden. Jeg går mot det stedet hvor jeg en gang jobbet etter skoletid. Da ser jeg han som jeg senere ble gift med, komme oppe i veien, akkurat som den første gangen da han tok kontakt med meg, og jeg kjenner den samme intuitive følelsen av å ville løpe min vei som jeg gjorde den gangen. Jeg blir stående. Når han kommer bort til meg, kjenner jeg en voldsom uro, og er fullstendig i villrede om hva jeg skal foreta meg. Jeg husker at han bare hadde stått der noen få minutter, den gangen, og at han ikke hadde gjort noe annet enn å veksle et par ord. Så bestemmer jeg meg. Jeg befaler ham: - Forsvinn ut av mitt liv! Og han går.

Så tar jeg Oslokartet, krøller det sammen og kaster det fra meg. På bakken oppløser det seg til en hvilken som helst papirball som noen har kastet ifra seg.

Jeg befinner meg høyt oppe, som på taket av en høyblokk, og ser ned på en tett furuskog ved havet. Det er helt ukjent terreng, og jeg vet ikke hva det skjuler. Jeg innser etter hvert at jeg må hoppe. Nølende beveger jeg meg fra side til side, for å se om jeg har andre valgmuligheter. Så blir hele bildet uklart, som om en tykk, grå sky kommer langsomt nærmere og nærmere. Den oppløser seg, og jeg er like over skogen.

Jeg går nedover en sti, til jeg kommer fram til en lysning. Jeg gjenopplever gode minner fra et stort båthus der jeg vokste opp som barn, jeg kjenner igjen den velkjente lukta av tjære og diesel. Vannet bølger inn i det mørke rommet mellom bryggene langs veggene, de gamle trebåtene dupper opp og ned. Jeg setter meg i en av båtene, og velger å ro istedenfor å sette i gang motoren. Jeg følger stranden langs den ukjente øya, og passerer forskjellige boliger, uten at det gjør noe inntrykk på meg. Boligene tar slutt, og jeg passerer bare skog, til jeg er nesten på den andre siden. Da kjenner jeg at det ikke er hit jeg skal, og ror tilbake. Jeg går i land på ei fin strand mellom to praktfulle hus, og går opp imellom dem for å se hva som er på baksiden. Jeg følger en sti og kommer ned til ei lita strand. Det hersker full harmoni ved denne stranda. Bak meg, oppe i skogkanten, ligger huset jeg søker. Jeg har funnet det.

Jeg oppsummerte visjonen jeg hadde hatt, mens jeg dusjet. Den hadde fortalt meg nokså direkte at jeg rett og slett skulle skjære igjennom, gjøre meg ferdig med Oslodelen av livet, hoppe ut i det ukjente og oppsøke det jeg virkelig trivdes med. Jeg skulle føle meg fram, og hvis jeg lette, ville jeg snart finne den ene lille perlen, godt gjemt, skjult for alle andre enn meg.

- Hva er det du står der og nikker for da? sa jeg surt til silkerosen på badekarkanten. Jeg hadde kommet borti den med håndkleet, mens jeg fremdeles var fordypet i tankerekken. Den sto der og nikket opp og ned og kunne ikke annet, den var helt ukritisk.

Jeg lot den kritiske delen av meg slippe til. Var det noe jeg hadde, som andre folk manglet? Eller var det noe jeg manglet, som andre hadde? Eller var det noe jeg hadde, som andre priset seg lykkelig for at ikke var smittsomt?

Eller var jeg rett og slett bare så lett påvirkelig, at den boka jeg leste satte sine mest bisarre preg på meg?

Jeg lukket øynene og følte på rosen med leppene. Den var kjølig og fast, men likevel fløyelsmyk og elastisk, så lenge man fulgte retningen på kronbladene. Beveget man seg inn mot kjernen, strittet den imot med de faste kantene på kronbladene. Selve kjernen lå i skygge. Man måtte gå nær innpå den for å se hva som virkelig fantes der inne mellom all stasen. Den duftet svakt når man kom nær nok. Den var fin. Men jeg kjente ikke noe slektskap med den. Jeg hadde ennå til gode å finne den ekte rosen jeg lette etter.

Jeg fortalte terapeuten om visjonen jeg hadde hatt, og hvordan den hadde handlet om to deler: Den første delen beskrev hvordan jeg gjorde meg ferdig med ting som var kjent for meg. Så kom jeg til punktet hvor jeg vurderte å hoppe ut i det ukjente. Ingen god idé, mente terapeuten, for de fleste som hopper ut fra store høyder slår seg i hjel.

I løpet av dagen hadde det gått opp for meg hvor lenge jeg hadde vært sykemeldt. Jeg hadde en gang vært et menneske som mine omgivelser hadde oppfattet som sterk og tøff. I tillegg hadde jeg vært positiv og morsom. Nå var jeg så svak, at jeg bare følte meg trygg så lenge jeg befant meg inne i huset mitt bak lukkede dører.

Plutselig innså jeg at noe var forandret. Jeg hadde kommet meg videre! Jeg hadde innsett det mange ganger, men så glemte jeg det igjen. Jeg var våken, jeg var ikke så deprimert lenger, jeg lå ikke lenger store deler av dagen på senga. Jeg lå nesten ikke på senga i det hele tatt. Jeg fikk gjort en hel masse. Jeg gikk ikke omkring og sukket og stønnet lenger. Jeg følte ikke innvendig sinne lenger. Jeg orket å gjøre det jeg ville.

Hus og hage

Leiligheten føltes for trang. Gutter i vekst trenger plass. Jeg trengte å kunne få være for meg selv en gang i blant. Det var så mange faktorer som igjen vekket et ønske om å skifte bolig. Men jeg hadde vært sykemeldt og uten jobb i to år. Jeg følte meg svak, og jeg ville ikke kunne få noe lån, så lenge jeg ikke hadde noen inntekt å vise til. Et kort øyeblikk følte jeg meg litt fortapt. Men jeg fikk det ikke til å stemme. Det ville i så fall bety at jeg ville kunne bli boende der resten av livet, bare fordi jeg ikke hadde noe valg. Det kunne ikke være sant. Jeg forestilte meg at det kunne finnes én mulighet for meg. Min oppgave var å oppdage den.

Fra det øyeblikket hadde jeg skylapper for alt annet enn denne potensielle muligheten. Det var det eneste jeg var interessert i å vite noe om. Jeg følte meg fram og holdt åpent for alle mulige spor og blindspor, i min urokkelige overbevisning om at en passende løsning ventet på meg.

Det førte meg til en løsning som overgikk alt jeg kunne ha forestilt meg. Detaljene er uvesentlige. Det finnes ingen definert fremgangsmåte for å manifestere. Hovedsaken er at det fungerer. For min del fungerte det spesielt rettet mot bolig, fordi dette hadde vært en så stor drøm for meg gjennom hele mitt liv.

Akkurat som i visjonen jeg hadde hatt, hadde jeg passert huset uten å legge merke til det. Jeg hadde vært innom et boligområde som jeg likte, og kjente i hele meg at det var ikke dit jeg skulle. Senere, da jeg passerte et lite fabrikkområde, hørte jeg meg selv mumle at, her er det. Her skal jeg bo. Jeg kjente inni meg hvor forskjellig jeg reagerte på de ulike områdene. Jeg følte meg som en radar. Det var som om jeg kunne ha følt meg fram i blinde til hvor jeg ville komme til å bosette meg. Men jeg visste ikke om jeg helt kunne stole på dette. Det forvirrede sinnet min forsto ingenting av hva som foregikk, det virket totalt absurd. Jeg kjørte et lite stykke og fattet interesse for et hus som var til salgs et stykke bortenfor. Men heller ikke denne gangen gikk budgivningen i min favør. Det vil si, den skjedde akkurat mens jeg var opptatt i et eller annet slags møte og ikke kunne delta. Da møtet var over, var budrunden avsluttet. Jeg kunne ikke fatte det. Jeg hadde kjent så sterkt at det var dit jeg skulle, selv om dette huset hadde noen åpenbare mangler jeg ville ha måttet forholde meg til. Det viste seg at midt imellom dette huset og det lille fabrikkområdet, var samtidig et annet hus under oppføring, med langt større fordeler enn det jeg nettopp hadde gått glipp av.

Kort tid etter flyttet jeg inn i et splitter nytt hus ved vannet. Det var så rykende ferskt, at jeg selv måtte sparkle, pusse, grunne, male, tapetsere og legge parkett. Fra å ha ligget rett ut i to år, trengte jeg plutselig alt jeg kunne mobilisere av krefter for å få det til. Det jeg utførte i løpet av noen få uker, ville jeg aldri utsette meg for en gang til. Men det var verdt innsatsen. Dette ga meg den endelige bekreftelsen på hva det er mulig for meg å utrette, helt på egenhånd. Det viste meg også at jeg hadde en langt lavere terskel for å manifestere et helt hus, enn for å tiltrekke meg litt hjelp til å utføre de praktiske oppgavene.

Innredning av huset, salg av leiligheten, pakking og flytting, to barn som skulle på skolen. Jeg kjørte hele flyttelasset alene i den store svarte bilen. Jeg bar alle sakene mine selv. Bare vaskemaskinen trengte jeg hjelp til for å få ned trappa. Jeg utstyrte meg med planker og skjøv de store møblene inn og ut av bilen. Da jeg fikk hjelp til å vaske leiligheten jeg forlot, var jeg på bristepunktet av hva jeg kunne klare, både psykisk og fysisk. Men jeg var nødt til å holde meg oppreist til alt var overstått.

Jeg sto alene ute i nattemørket og så opp på alle stjernene over tomta mi.

- Alt dette er mitt!

Jeg elsket huset. Jeg elsket stedet. Jeg elsket hagen min, som jeg selv opparbeidet helt fra bunnen av. Jeg følte meg så privilegert, og jeg visste at dette var en gave jeg hadde gitt meg selv. Et nytt årtusen hadde begynt. En ny begynnelse. En av mange nye begynnelser. Alltid noe nytt. Alt var i konstant forandring. Jeg var blitt bevisst min egen oppvåkning.

I dette huset begynte jeg å bygge opp et helt nytt liv for meg selv. Mye var nytt og i forandring, men jeg hadde fortsatt for vane, at jeg skulle utføre allting på egenhånd. Før innflytting skulle jeg sparkle øverst i det høyeste hjørnet i trappeoppgangen i det tomme huset. Jeg fant fram ei plate og noen kubber jeg hadde tilgjengelig, for å lage meg et stillas jeg kunne ha den høye gardintrappa på. Jeg ville skru det hele forsvarlig sammen med lange skruer. Men jeg hadde ingen skruer, så jeg bestemte meg for at lange spiker fikk gjøre nytten. Men jeg hadde ingen lange spiker heller, så jeg endte opp med mange små. Det blir ikke helt det samme. Den lange gardintrappa jeg hadde lånt, var av tre og litt sliten, et av bena var litt kortere. For å nå helt opp i hjørnet, måtte jeg stå på det nest øverste trinnet, ta sjansen på å lene anklene mot det øverste trinnet, mens jeg strakte meg framover så langt jeg våget og litt til og enda litt. I lomma hadde jeg min første mobiltelefon. Jeg visste, at om jeg ramlet ned og knuste telefonen min mot murgulvet i bunnen av trappa, ville jeg bli liggende. Jeg ville være umulig å nå, og jeg befant meg milevis fra de få jeg vanligvis hadde noen kontakt med. Guttene var ivaretatt, mens jeg pusset opp huset alene. Det var et øyeblikk av å strekke livet til sin ytterste grense. Det var også et øyeblikk av å tro på meg selv, når jeg virkelig vil noe. Trinn for trinn, millimeter for millimeter.

Jeg ville at den lille hagen min skulle være fylt av blomster, urter og alle slags bær. Derfor hadde jeg delt den inn i soner. En dag så jeg utover hagen min og forestilte meg et felt hvor plantene kunne vokse i små grupper i en opphøyning av brostein. Da husket jeg at det lå igjen en haug med brostein hos en nabo, som nylig hadde steinlagt innkjørselen sin. Hvis han ikke trengte resten, kunne jeg kanskje få kjøpt det rimelig. Jeg hadde ingen kontakt med denne naboen, jeg hadde bare så vidt hilst på dem da de flyttet inn en stund etter meg. Han var mye ute og reiste, og innkjørselen lå et stykke bortenfor min. Jeg hadde ikke sett ham på månedsvis.

Før jeg rakk å foreta meg noe som helst, hørte jeg plutselig stemmer utenfor vinduet mitt. Der sto han, ute på veien mellom huset mitt og eiendommen sin og pratet med noen. Det var som magi! Men jeg var ikke påkledd, så jeg skyndte meg opp til badet. Da jeg kom ned igjen, var han borte.

Jeg opplevde dette som så påfallende, at jeg bestemte meg for at jeg ville få en ny sjanse. Det utrolige skjedde. Neste formiddag var han der igjen. Denne gangen var han alene. Og jeg var klar. Jeg gikk ut og snakket med ham. Han sa at jeg kunne ta resten av brosteinen, hvis jeg ikke sa noe om det til de andre naboene.

Jeg hadde på det tidspunktet kjennskap til, at når man endrer sitt vibrasjonsnivå, vil man kunne virke usynlig for andre mennesker. Det var en stor haug, det må ha vært mer enn et tonn med stein. Jeg ventet til det så ut til at naboene ikke var hjemme. Jeg fant mine egne metoder for å bære alt sammen, stein for stein, gjennom huset mitt og ut i hagen på den andre siden. Det tok sin tid, men ikke en eneste gang møtte jeg noen på den veien jeg måtte krysse. En gang fikk jeg en innskytelse til å gå litt til siden. Da oppdaget jeg at en person befant seg bak hekken, akkurat der hvor jeg skulle hentet stein. På den måten unngikk jeg å bli lagt merke til.

Det var en tung jobb, og det tok den tiden det tok. Jeg gledet meg over hver eneste stein jeg hadde tatt eierskap i.

Brosteinene fikk sin plass der jeg hadde sett det for meg. Det ble akkurat nok til å dekke det aktuelle området. Da gikk det opp for meg, at jeg ville trenge sand til å fylle mellom steinene. Jeg husket at kommunen nettopp hadde utbedret noen hull i veien like nedenfor, og hadde etterlatt en stor sandhaug i veikanten. Jeg fant fram ei bøtte, og bega meg ut for å forsyne meg av godene, før de forsvant. De lå midt i et kryss mot en lang åpen strekning av hovedveien for området. Jeg gikk fram og tilbake, bøtte for bøtte. Ikke en eneste gang, så lenge jeg holdt på, passerte en bil langs den ellers så trafikkerte veien. Ikke et menneske var å se noe sted. Jeg fikk holde på helt i fred, akkurat så lenge jeg trengte det.

Denne typen opplevelser har lagt grunnlaget for mine holdninger om en ny bevissthet. Men det er også mine holdninger som har lagt grunnlaget for denne typen opplevelser. Det er jeg som har tillatt det.

London

Utviklingen av min egen bevissthet hadde vært mitt hovedfokus, siden livet tok meg til side et øyeblikk og hvisket meg noe i øret. Jeg hadde begynt å komme i kontakt med intuisjonen min. Det var hendelsene omkring sykemeldingsperioden min som hadde utløst det, ved brutalt å rive meg ut av gamle spor og mønster. Jeg hadde vært så pliktoppfyllende, oppofrende og aksepterende i mine livserfaringer, ofte på min egen bekostning. Sykemeldingsperioden vendte mitt fokus i retning av meg selv, på et langt dypere nivå enn de daglige oppgavene. Jeg begynte å lytte til signalene som hvisket meg i øret, eller ga meg tegn og signaler fra så mange ulike hold. I begynnelsen opplevde jeg det som utenkelig at jeg skulle være borte fra jobben min over en for lang periode. Gradvis måtte jeg være villig til å innse at jeg måtte gi slipp på alt det jeg trodde jeg hadde visst om meg selv. Alt var i forandring. Jeg så helt tydelig hvordan livet holdt meg tilbake fra de tingene som ikke tjente meg lenger, men som jeg pliktoppfyllende hadde holdt fast ved. Jeg merket hvordan livet selv, på finurlig vis, nærmest dyttet meg i retning av helt nye oppdagelser. Jeg ble oppmerksom på underlige synkroniteter, som kom så tett at de ble vanskelig å bortforklare som tilfeldigheter. Det minnet meg om scener fra en sånn film som mister sin troverdighet, på grunn av alle sine sammenfallende hendelser.

Det var blitt min virkelighet, på måter som jeg tidligere ikke ville hatt noen forståelse for.

Blant annet hadde jeg hatt kontakt med en fjern slektning i løpet av sykemeldingsperioden. Hun hadde snakket til meg om ei bok hun mente at jeg burde lese. *The Journey*. "Reisen", av Brandon Bays. Alle jeg møtte mens jeg var sykemeldt, hadde forslag til løsninger for meg, basert på deres eget ståsted og erfaringer. Å bli stående utenfor arbeidslivet, var ikke akseptert. Selv sjefen min ringte meg en dag og foreslo at jeg måtte ta meg sammen. Jeg svarte at jeg faktisk lå der og øvet meg på å slutte med å ta meg sammen.

Det viste seg, at huset mitt som jeg flyttet til, lå i nærheten av hvor denne slektningen bodde. En dag ringte hun meg, og var desperat etter barnevakt. De skulle reise bort for helgen, og barnevakten de hadde avtalt med var blitt syk. Den helgen leste jeg boka jeg var blitt anbefalt, mens ungene jeg passet fikk sitte i soverommet og se på tv. Derfra dro jeg rett hjem og meldte meg på kurset bokas forfatter tilbød. Det viste seg, at det skulle avholdes helgekurs i Oslo i nærmeste framtid. Opplevelsen av kurset vekket en enda sterkere interesse i meg. Metoden som ble presentert, satte meg i kontakt med sider av meg selv, som jeg aldri hadde gitt meg tilgang til. Jeg ville ha mer, jeg var ikke til å stoppe. Det førte meg umiddelbart videre til en utdannelse i England, som kostet meg alle de pengene jeg hadde til disposisjon, nokså nøyaktig.

Den første reisen til England ga meg en av mine, til da, mest fantastiske opplevelser av å bevare tilliten, mens jeg manøvrerte meg gjennom en uendelig rekke av uforutsette situasjoner. Det var på nasjonaldagen. Jeg passerte flaggpyntede biler og festklare mennesker på vei mot begivenhetenes sentrum. Jeg hadde aldri sett en så stor andel av bunadkledde mennesker noen gang. Jeg hadde god tid, så det gjorde ingen ting at jeg kjørte feil da jeg skulle ta av mot flyplassen. Det første jeg hørte, da jeg kom inn av døra, var at avgangstiden for flyet mitt var flyttet fram fra klokka halv elleve til fire om ettermiddagen. Klokka var ennå ikke halv ti.

Jeg kjøpte meg ei bittelita ordbok, som passet perfekt for den bittelille bagen min. Jeg hadde pakket bare en liten bag, for jeg hadde ikke lyst til å slepe rundt på mye bagasje, når jeg skulle finne meg et sted å bo.

Det første ordet på den første siden jeg åpnet, var *journey*. Jeg sjekket hvor mange sider det egentlig var i denne boka. Fire hundre og åttisju sider, og jeg hadde slått opp på akkurat den siden som startet med *journey*. Jeg satt med boka i fanget en stund og lot tankene flyte. Så åpnet jeg boka igjen, helt uten å tenke over det, og det første ordet på siden var *starter*. Og over der, sto eksempler på bruk av det siste ordet på den forrige siden, *start; ~ out* dra av sted. Da la jeg boka sammen og puttet den i bagen. Jeg forstår, sa jeg til meg selv. Beskjeden er at jeg allerede har alt jeg trenger, jeg behøver ingen hjelpemidler utenfor meg selv. Jeg behøver bare å ha tillit.

Omsider kom tiden for å sjekke inn og fortsette ventingen inne i flyet. Timene gikk. Det hadde vært komputerproblemer på Stansted, så flyene derfra hadde ikke kunnet ta av. Det var store forsinkelser i alle retninger. Folk omkring meg sukket og stønnet over situasjonen. Selv satt jeg komfortabelt i setet mitt og kjente på privilegiet av å ha så mye tid og ingen forpliktelser. Det viste seg at paret ved siden av meg kjente til *The Journey*, og damen hadde faktisk deltatt på et av kursene. Det var bare noen ganske få mennesker i dette landet som hadde gjort det på det tidspunktet. Og her satt vi, i et strandet fly og hadde en masse å snakke om. De skulle også på kurs.

Så fikk vi endelig dra. Jeg hadde for lengst innsett at jeg ikke ville rekke å finne meg noe sted å bo, eller få kjøpt et batteri til reisevekkerklokka mi, den eneste klokka jeg hadde med. Men det bekymret meg ikke. Jeg følte meg bare glad. Det viste seg snart at det ville bli umulig for meg å nå fram i tide. Etter tre kvarters togtur inn til London, møtte jeg et folkehav uten like. Det var fredag ettermiddag, midt i rushtida. Det hadde vært en lang dag. Jeg skjønte ikke hvor jeg skulle gå. Jeg virret litt omkring en stund. Så stilte jeg meg opp et sted hvor folk sto stille med blikket vendt opp mot trafikktavlene, bare for å kunne hente meg inn igjen uten å se helt fortapt ut. Jeg skjønte at jeg var altfor sliten til å kunne finne ut av det, så jeg lette etter utgangen, og kom meg ut på gaten for å finne en taxi. Jeg satte meg inn i en gammel Londontaxi med en meget vennlig og hjelpsom sjåfør. Jeg hadde aldri sittet i en sånn en før, og det føltes merkelig at han kjørte på venstre side, nesten som å være på tivoli. Jeg syntes vi var nær ved å kjøre på noe hele tiden. Jeg frydet meg over alt jeg så og opplevde. Men adressen var ukjent for sjåføren, som aldri hadde hørt om dette konferansesenteret. Han lette en stund, før han måtte tilkalle hjelp fra en som heller ikke følte seg sikker på hvor dette stedet kunne være.

En time tok turen gjennom trafikken i London i fredagsrushet. Da jeg omsider fant fram til kurset, som for lengst hadde startet, viste det seg at jeg ikke var registrert noe sted, til tross for at jeg hadde betalt en liten formue for å få delta. Jeg hadde satset alle de pengene jeg hadde kunnet fremskaffe. Taxituren hadde slukt en stor del av det jeg hadde igjen. Nå måtte jeg finne meg et hotell som nesten ikke kostet noe.

Under hele denne turen opplevde jeg en vedvarende tilstand av dyp personlig indre fryd, som gjorde meg nærmest immun mot ytre påvirkninger. De berørte meg bare flyktig. Denne tilstanden var ikke forårsaket av ytre årsaker, som at jeg gledet meg til kurset eller reisen, eller denne typen mentale vurderinger. Den kom fra en dyp visshet om at jeg var i kontakt med den delen av meg, som viste meg vei. Min vei. En veiviser for den retningen jeg hadde valgt. Jeg hadde ingen kjennskap til ny bevissthet ennå. Jeg visste ikke at disse forandringene er et utslag av den helt spesielle tiden vi lever i. Mentalt visste jeg ingenting om dette. Men på et dypere plan av min bevissthet var jeg klar, og allerede godt på vei inn i disse forandringene, som var i ferd med å transformere livet mitt og mine opplevelser av meg selv.

Klokka passerte ti før den første kurskvelden var over. Det hadde begynt å regne. Jeg hadde bare sandaler på bena og kun en liten bag med det aller nødvendigste. Jeg hadde ikke vært i London før, og nå måtte jeg ut i mørket og regnet og lete etter et hotell. Likevel følte jeg meg fortsatt like rolig og tilfreds. Jeg fant et hotell, og spurte om det fantes noe sted som fortsatt var åpent, for den lille vekkerklokka jeg hadde med meg trengte et nytt batteri. Det fantes en forretning, fikk jeg til svar, men den hyggelige inderen ville ikke at jeg skulle gå ut alene i mørket. Han tilbød seg å vekke meg neste morgen før han gikk av vakt. Men jeg ville gjerne vite hva klokka var, om jeg skulle våkne i løpet av natta. Da lånte han meg det fine armbåndsuret sitt. Han sa at han kom ikke til å være der igjen før på søndag, etter at jeg hadde sjekket ut. Han ville ikke at jeg skulle levere klokka til noen andre enn han.

Det ledige rommet jeg hadde fått, lå rett over trafikkstøyen. Det ble lite søvn. Derfor forlot jeg hotellet om morgenen, for å finne meg et annet. Da jeg gikk ut, var sandalene fremdeles våte. Det fortsatte de å være til langt utover dagen. I løpet av hele dagen spiste jeg bare en banan, som jeg ble tilbudt. Jeg kjøpte ingenting, for jeg visste ikke om jeg ville ha noen penger igjen når hotellene var betalt. Om kvelden gikk jeg igjen ut for å se etter et nytt sted å bo. Igjen vandret jeg fra hotell til hotell, og til slutt fant jeg et stille rom av den billige sorten.

Den siste dagen måtte jeg benytte lunsjpausen til å oppsøke den vennlige inderen, så jeg kunne få levert tilbake klokka jeg hadde lånt. Kurset ble avsluttet med felles middag i restauranten på et hotell om kvelden. Flyet mitt tilbake skulle gå grytidlig neste morgen. Jeg hadde bestemt meg for å tilbringe natten på flyplassen. Jeg måtte rekke den siste bussen dit. Men jeg visste ikke hvor jeg var, og jeg visste ikke hvor langt det var, annet enn at det hadde tatt meg en time med taxi å komme dit jeg befant meg. Ingen kunne si meg i hvilken retning jeg måtte dra, ikke engang personalet på hotellet. Jeg møtte heller ingen andre nordmenn under hele helgen.

Jeg drøyde i det lengste. Jeg ville så gjerne ha med meg desserten, nå som jeg endelig hadde fått mat. De andre ved bordet begynte å bli stresset på mine vegne, og insisterte på at jeg måtte gå. Jeg gikk ut, og en buss kom med det samme. Men den stoppet ikke for meg. Da kom en annen buss fra den andre kanten. Jeg gikk over gaten og ble med. Det var ikke noe annet jeg kunne gjøre. Jeg spurte etter retningen, men bussjåføren skulle på ingen måte dit hvor bussen til flyplassen kunne være å finne. Jeg visste ikke hvor jeg var, og jeg visste ikke hvor jeg var på vei. På den neste holdeplassen kom en kvinne på. Hun satte seg i det ledige setet ved siden av meg og snakket til meg som om hun kjente meg. Jeg hadde aldri sett henne før. Hun spurte hvor i all verden jeg var kommet på, det skulle ikke være noen bussholdeplass der, sa hun. Jeg fortalte hvor jeg var på vei. Hun tilbød å veilede meg, for hun skulle i samme retningen. Hun kunne bare ikke garantere at vi kunne rekke det, for tiden var altfor knapp. Jeg fulgte henne, mens hun effektivt førte meg ut av bussen, gjennom undergrunnsstasjoner, via betalingsautomater, forbi gjenger med truende ungdommer, og videre med enda en buss. Hun foreslo at jeg kunne bli med henne hjem, for hun bodde i retning av flyplassen. Så kunne jeg heller ta en taxi derfra om morgenen. Da vi nærmet oss, ble det mer og mer klart at tiden ville renne ut for meg. Hun sa til meg at dette området ikke var et sted jeg ville ønske å tilbringe natten. Det var sent og det hadde allerede begynt å bli mørkt. Men jeg hadde bestemt meg. Jeg ville reise til flyplassen. Jeg ville rekke denne bussen. Hun sa til meg, at da får du strekke tiden og gi deg selv mer energi. Jeg syntes det var en underlig ting å si, men jeg fulgte hennes råd. Da jeg forlot henne og gikk av, var det allerede etter den tiden da bussen skulle ha gått. På den øde stasjonen fant jeg fram til den riktige terminalen, og kom meg ombord på bussen akkurat idet den startet.

Det gikk opp for meg at jeg ikke engang hadde spurt hva denne kvinnen het. Jeg visste absolutt ingenting om henne. Det virket som om hun rett og slett bare hadde dukket opp for meg for anledningen.

Jeg ble sittende på flyplassen gjennom natten, til flyet tok meg med tilbake. Jeg følte meg fortsatt strålende glad, til tross for at helgen hadde bydd meg på et usedvanlig variert utvalg av motstand fra alle kanter. Et slags hinderløp jeg hadde gjennomført i ren fryd. Jeg gledet meg til å komme meg hjem og få i meg litt mat.

Gjennomføringen av utdannelsen var drevet av impulser av ustoppelighet. Det var ikke noe jeg vurderte, det var noe jeg kjente at jeg måtte gjøre, ville gjøre. Jeg kunne ikke få nok, og jeg gjorde det for meg. Det satte meg i kontakt med opplevelser i meg selv, som jeg tidligere ikke hadde vært åpen for. Det kjentes som å ha oppdaget en helt ny verden, og alt fantes i meg.

I en senere fase av kurset, sto mennesker fra alle kanter av verden samlet omkring et levende leirbål under fullmånen. De snakket om sine personlige motiver for å være der. Det var først da det gikk det opp for meg, at mennesker ville komme til å oppsøke meg som en følge av dette.

Et halvt år senere tok jeg imot mine første klienter. Jeg elsket det, da jeg først var kommet i gang. Men det var med stor ydmykhet jeg gikk inn i rollen av å være en som hadde noe å tilby individer, som tillitsfullt betrodde meg sin innerste sårbarhet. Derfor oppsøkte jeg først noen etablerte representanter for ulike alternative tilbud til søkende mennesker. Jeg trengte å se hvem de var, for å kunne forstå min egen nye rolle. Jeg oppdaget at de ganske raskt falt ned fra sine pidestaller, når jeg verken underkastet meg i beundring eller fra et ståsted av personlig nød. Jeg hadde ingenting til overs for dem som påberoper seg å kunne influere på en annens liv. I den metoden jeg tilbød, var det klienten selv som måtte velge sine svar og løsninger, mens min oppgave kun var å veilede og berolige, så de ikke flyktet unna det de fryktet å møte i seg selv. Det oppsto ofte et øyeblikk, hvor jeg var forundret vitne til en livsendrende forandring i et fremmed menneskes liv. Det kunne få hele kroppen i stolen foran meg til å slappe av, rette seg opp, og huden til å glatte seg ut, idet all anspenthet forsvant. Det handlet om å avdekke celleminner, blokkeringer basert på gamle traumer av alle kategorier. Ikke nødvendigvis så alvorlige alltid. Noen ganger kunne det være en bagatellmessig hendelse, som kanskje hadde ligget i underbevisstheten i uoverskuelig tid, og gitt ubehagelige ringvirkninger. Det kunne ha utgangspunkt i en emosjonell reaksjon, basert på en tolkning av en hendelse man ikke hadde full oversikt over, eller modenhet til å håndtere da det skjedde.

Helt i oppstarten, fikk jeg en mulighet til å presentere meg på ei messe. Jeg tenkte at jeg kunne benytte anledningen til å promotere min nyoppstartede virksomhet i lokalpressen. Samtidig oppsto et lite utbrudd av helvetesild på halsen min, som vokste og bredte seg oppover til det dekket halve ansiktet. Det så helt forferdelig ut. Jeg hadde time hos tannlegen, og ble sendt rett hjem igjen. Han ville ikke ta i meg. Det varte i flere uker. Jeg ante naturligvis ikke at det hadde en direkte sammenheng med mine tanker om å annonsere mitt foretak, som ville resultere i at en fotograf ville komme og ta bilder av meg. Det fremkom, da jeg fikk hjelp av en kollega til å benytte den samme metoden på meg selv. Gjennom et dypdykk i mitt personlige celleminne, fremkom en dypt nedgravet frykt for å bli sett. Så dypt satt denne frykten for eksponering i meg, at det hadde gitt seg fysisk utslag i noe som hindret meg i å vise ansikt. En uke senere var jeg helt fin igjen. Journalisten kom, og til min store tilfredsstillelse ble bildet han tok av meg, helt ugjenkjennelig. Presentasjonen på messen gikk strålende. Jeg samlet full sal og følte meg trygg og tilfreds i mitt ståsted. Klienter begynte å strømme til fra mange hold. Noen reiste langt for å møte meg.

Påfallende ofte la jeg merke til at det samme temaet som hadde kommet opp for meg, mens jeg spaserte til lokalet mitt, sammenfalt med temaet dagens klient presenterte. Det tok meg en stund før jeg innså at det var min egen sensitivitet som hadde gitt meg forvarsler om hva som ville komme. På den tiden var jeg ikke klar over at jeg var i stand til å oppfatte hva som foregikk i mine omgivelser, kjenne andres følelser, fange opp andres tanker og sånt som absolutt ikke var mitt.

Jeg opplevde hele opplegget som genialt. Kundene oppsøkte meg med den varen de mer enn gjerne ville betale for. Det var egenskaper de allerede bar i seg selv, som de ville ha tilgang til. Jeg behøvde bare å hjelpe dem med å hente dem fram. Alt de ønsket seg, fantes der allerede. De bar alle svarene i sin egen bevissthet.

Det gikk en stund før jeg ble klar over at jeg hadde manifestert akkurat det jeg hadde ønsket meg. Mens jeg var sykemeldt, hadde gestaltterapeuten spurt meg om hva jeg helst ville arbeide med. Jeg hadde beskrevet et scenario av en selvstendig virksomhet, uten lager og uten reklamasjoner, i et lite kontor med kort arbeidsvei, med parkeringsplass, og hvor kundene oppsøkte meg, så jeg ikke behøvde å reise rundt med varene. I tillegg til jobben jeg ble sykemeldt fra, hadde jeg drevet med oppsøkende salgsvirksomhet, og det passet meg ikke lenger.

Den dyktige gestaltterapeuten, som jeg hadde stor beundring for, svarte at det var ikke mulig. Han syntes jeg stilte for høye krav. Men det lille uforstyrrede kontoret mitt, hadde til og med eget venteværelse. Det lå en behagelig liten spasertur ifra der jeg bodde.

I denne perioden oppdaget jeg også noe annet forunderlig, som jeg trivdes godt med. Uansett hvor mye det regnet, stoppet det alltid idet jeg gikk ut. Uten unntak, gikk jeg alltid tørr til og fra jobben min, selv når det verste uvær herjet til alle andre tider på dagen. Det var nesten så jeg ikke kunne tro det jeg opplevde, og det gjentok seg og gjentok seg, uke etter uke, år etter år.

Da jeg var vel etablert, var det eneste jeg kunne ønske annerledes, et større lokale med enda bedre fordeler. Det gikk opp for meg, at det fantes et ledig lokale enda nærmere huset mitt. Det var mye større og med mange flere fortrinn. Jeg fikk det til en behagelig pris, til stor frustrasjon for andre som hadde vært interessert i lokalene tidligere. De fortalte meg, at selv om de hadde vært tre som skulle dele, hadde de ikke oppnådd noen avtale de kunne leve med. Jeg hadde selv gitt beskjed om hva jeg ville betale, og sånn ble det.

Siden jeg var så godt i gang med å trylle, fikk jeg lyst til å sette min overbevisning på prøve. Jeg bestilte et flott bord til en svimlende pris, til det nyoppussede lokalet mitt. Jeg ønsket å kunne invitere til litt større samlinger. Utenom klientene jeg tok imot i et eget kontor, skjedde det tilsynelatende relativt lite i dette lokalet, annet enn at jeg elsket å oppholde meg der for min egen del. Det var så lyst og åpent og ryddig. Jeg kunne sitte i timer og bare nyte stillheten. Det var like mye verdt for meg som klientene mine, selv om det ikke kunne måles i inntjening i ren valuta.

Forhandleren klarte aldri å levere bordet jeg hadde bestilt. Dermed ble det en sak mindre for meg å forholde meg til, da jeg ikke trengte lokalet lenger. Jeg hadde hatt det helt fint uten dette bordet, og i tillegg hadde jeg hatt fornøyelsen av å kunne gjøre en så fryktløs bestilling. Løsningen hadde blitt en helt annen enn jeg hadde kunnet forutse, og den passet meg perfekt. I løpet av denne tiden, hadde jeg blitt fortrolig med signalene fra min egen intuisjon. Dette var langt mer verdifullt for meg, enn å skulle fortsette å støtte meg til en menneskeskapt metode, basert på et annet menneskes erfaringer. Når jeg selv ikke ønsket noen definert metode lenger, var jeg heller ikke villig til å praktisere den på andre. De fikk gå et annet sted. Kompromissløst forlot jeg denne virksomheten, som hadde gitt meg så mye på så mange nivåer. Jeg var klar for mitt neste uforutsigbare steg.

Før jeg oppga lokalet jeg trivdes så godt i, inviterte jeg til en samling for mennesker som befant seg på et tilsvarende nivå av oppvåkning som meg selv. Enda en gang hadde jeg utfordret min eksponeringsskrekk. Jeg hadde funnet en samtalegruppe på nettet, som jeg hadde fulgt en stund, uten å delta. Dette var før Facebook. Det var et alvorlig steg for meg å melde meg inn i en gruppe som dette, og gjøre min tilstedeværelse synlig. Men det var igjen styrt av en impuls av å ikke kunne la det være. Jeg presenterte meg med et lengre innlegg jeg hadde kalt *Med hodet i sanden, inni et skap*. For meg selv hadde jeg tegnet strutsen, som satt der i sin trone, med krone på hodet og med tunge fotlenker. Fortsatt inne i et skap. I sterk kontrast til fuglen fri på lette vinger.

Å trykke på knappen som eksponerte det første innlegget mitt, trigget meg voldsomt! Jeg kom meg raskt i skoene og forsvant ut av døra. Jeg gikk ned til vannet, hvor jeg la meg rett ut på den ytterste delen av svaberget og pustet dypt noen ganger. Da jeg sto opp igjen, møtte jeg en eneste person, en ny tilflyttet, som jeg senere beholdt en viss grad av personlig kontakt med. Valget om forandring, hadde tiltrukket meg et levende menneske jeg kunne kommunisere med.

I samtaleforumet fulgte jeg opp med å invitere til en samling i lokalet hvor jeg vanligvis mottok mine klienter. Jeg samlet huset fullt, og det ble en flott opplevelse av å møte mennesker på et tilsvarende sted av personlig oppvåkning. For å minne meg selv om at det faktisk var jeg som hadde villet noe med dette, plasserte jeg meg selv på en høyere krakk. Jeg måtte sitte så høyt, for å forsikre meg om at jeg ikke ville kunne forsvinne i mengden og la noen andre overta styringen for opplegget mitt. Jeg visste at den tilbøyeligheten var sterkt tilstedeværende hos meg. Den som helst hadde villet stikke hodet i sanden.

Aspekter

De største opplevelsene i livet mitt, ble tilgjengelige for meg da jeg begynte å åpne dørene til mitt eget innerste vesen, og fikk tilgang til et helt univers å utforske. Det viste seg snart, at det var der de viktige hendelsene utspilte seg. Alt annet var bare speilinger, i den illusjonen man kaller virkelighet. Den er bare akkurat så virkelig, som man er villig til å tro på. For den som ikke kjenner noen annen virkelighet, er det ikke så mye å lure på. Man innretter seg etter de normene som gjelder. Oppvåkning er en personlig opplevelse. Det skjer når man er klar.

Gjennom kontakten med min egen indre verden, oppdaget jeg at jeg selv er den ansvarlige skaperen av alt jeg opplever og alt jeg tiltrekker meg. Med min forestillingsevne skaper jeg min virkelighet. Det er der alle mulighetene finnes.

Det handler ikke om kontroll på den måten man kjenner til, med strategier for overlevelse og beskyttelse mot sin egen frykt. Det handlet mest om å gi slipp på alt det jeg hadde trodd på, alt det som bare innsnevrer opplevelsene.

Selv kunne jeg ikke få nok, etter at jeg først hadde oppdaget hva som rørte seg i meg. Det ble så stort for meg, at jeg begynte å skrive ei bok om det. Hensikten var å gjøre noe enda klarere for meg selv. Jeg fullførte boka, og laget et passende omslag. Det tok lang tid før jeg var klar for å gå til det skritt å få den utgitt. Jeg fikk en avtale med et lite forlag, men jeg trakk meg, for jeg ville som vanlig gjøre alt selv.

Da jeg omsider hadde fått den i trykken, kjente jeg en intens trang til å brenne hele opplaget i et digert bål. Jeg ville markere at dette var min historie, som jeg kunne håndtere på akkurat hvilken måte jeg følte for. Jeg hadde ikke skrevet for å tjene penger eller for å underholde eller belære. Langt mindre for anerkjennelse og berømmelse. Jeg hadde fortsatt en sterk trang til å være anonym, uforstyrret i min egen ro. Jeg hadde til og med skiftet navn. Det hadde skjedd så mye i livet mitt, at jeg ikke lenger identifiserte meg med det navnet jeg til da hadde beholdt gjennom hele livet. Jeg valgte meg et navn, som jeg opplevde som navnet på det landet som eksisterte i min bevissthet. Dukana. Mitt eget land, hvor jeg kunne skape hva jeg ville, og kanskje til og med manifestere noe av det inn i min fysiske virkelighet.

Historien beskrev en intern dialog mellom tolv av de mest fremtredende aspektene av det jeg hadde oppfattet som min personlighet. Tolv arketypiske delpersonligheter jeg hadde gjenkjent og identifisert, som fra hver sin kant påvirket min opplevelse av meg selv som en helhet. Mens jeg skrev, forestilte jeg meg at de satt sammen med meg rundt det store bordet i spisestuen min, mens jeg kommuniserte med dem. Jeg kunne se dem for meg, i hver sine helt ulike uttrykk. Det jeg beskrev, handlet helt konkret om det aspektet som representerte den største motstanden mot å erkjenne sine naturlige potensialer for utvikling. Den delen av meg som var mest uvillig til å ta imot livets overflod, basert på årsaker det umiddelbart ikke var så lett å forstå.

Da jeg omsider fikk eskene med de ferdige bøkene levert til min adresse, viste det seg at noe hadde gått galt i trykken. Mange av sidene hadde for dårlig kvalitet. Hele opplaget måtte returneres. Da kjente jeg at erfaringen hadde nådd sitt metningspunkt for min del. Jeg hadde oppnådd det jeg ville erfare. Jeg hadde holdt det ferdige produktet i hendene et kort øyeblikk. Jeg ringte til trykkeriet og ba dem stoppe prosessen. De ville ikke tro hva de hørte, og argumenterte på alle måter, men jeg insisterte. De sa at den jobben de hadde gjort hadde hatt sin pris. Jeg ba dem sende regningen.

Bokas hovedperson var et aspekt av min personlighet, som hindret resten av alt det som er meg i å ekspandere til en større opplevelse av meg selv. Hun representerte motstanden mot sin egen storhet.

Til tross for at hun helst ville gjemme seg og holde seg i bakgrunnen, var hennes motstand kraftfull nok til å påvirke hele det indre miljøet i min opplevelse av å være meg. I sin urokkelighet, var det hun som regjerte og dominerte, som et umodent dronningemne som ikke kjente sin egen påvirkningskraft, og som motsatte seg vurderende oppmerksomhet. Hun holdt fast ved holdninger, som begrenset min utfoldelse og mine valg. Hun var den delen av meg, som befalte at boka skulle destrueres så snart den var blitt til et ferdig produkt, og som fikk meg til å føle at jeg hadde seiret når saken var avsluttet. Hun var en like levende del av meg, som mine hender og føtter og indre organer. Med sine kompromissløse egenskaper var hun det naturlige emnet til å kunne bli selveste dronningen i Dukana. Jeg skrev hennes historie, for å gi henne en sjanse til å åpne opp for alle de mulighetene som ville kunne oppstå, om hun bare ville tillate det. Hun styrte mine valg og hun styrte mine bevegelser. Hun hadde mange kraftfulle egenskaper, og hun var fast bestemt på at hun ikke skulle presenteres som en dronning, før hun eventuelt selv var klar for det. Hun var kompromissløs.

Hun var omgitt av alle de andre høyst ulike aspektene av min personlighet, både de jeg hadde identifisert og var i nær dialog med, og de mer subtile. De var utallige, som cellene i kroppen min, som stjernene på himmelen, som menneskene på jorda. Jeg hadde identifisert de tolv aspektene som sto meg nærmest. Jeg kunne føle dem så sterkt at jeg så dem for meg, der de satt samlet omkring det store spisestuebordet mitt, mens jeg skrev. De var like ulike som folk flest. De var de ulike egenskapene i min personlighet, som kom til uttrykk i helt ulike situasjoner og settinger. De var som en hvilken som helst styresammensetning, som skal ta seg av alle de ulike sidene av et konsept. I dette tilfellet var det mitt menneskelige uttrykk i dette livet som var konseptet. De var min menneskelige opplevelse av å være meg. Og de var alle i kontinuerlig utvikling.

Jeg ble kjent med de ulike aspektene, som om de skulle være min egen familie og nærmeste omkrets. Noen av dem hadde sammenfallende holdninger, men fra ulike utgangspunkt. Andre representerte interne konflikter og motsetninger. Jeg innså snart at hver og en av dem kunne gjenspeiles i mennesker i min nærhet, eller som jeg hadde en nær relasjon til, men ikke nødvendigvis den samme personen over tid. Etter hvert som jeg merket at aspektene utviklet seg, forsvant de relevante personene i min nærhet ut av bildet og ble erstattet av nye, mens jeg bragte min bevissthet om et spesifikt tema til sitt neste nivå. Alt jeg opplevde på innsiden, manifesterte seg for meg i min fysiske virkelighet. På den måten ble alt tydeligere for meg.

Åpen for mulighetene

Joda, det fantes en mann i mine tanker. Jeg hadde en som til stadighet dukket opp i hodet mitt. Fine romantiske, lengselsfulle tanker. I år etter år. Men det var ikke dit jeg ville. Jeg opplevde det som veldig forstyrrende. Jeg var jo ikke virkelig interessert i å tilnærme meg dette mennesket. Det passet ikke inn i livet mitt. Jeg var i ferd med å rydde plass til noe helt annet jeg ville erfare i meg selv. Kompromissløshet. Selv om dette ikke var et definert mål for meg. Jeg fulgte bare impulsene, som så tydelig trakk meg i en annen retning. Tankene på denne skjønne mannen forstyrret roen min. Det kom en dag, da jeg spurte meg selv hva dette faktisk handlet om. Jeg skjønte at det bare var en knagg jeg hadde hengt noen drømmer på, for å kunne ta dem fram og kose meg med dem av og til. Men faktum var at det ergret meg, siden hele konseptet ropte etter en fortsettelse, en utvikling, en respons. Da bestemte jeg meg for å plukke ham ned fra knaggen. Jeg tok en telefon og inviterte ham med ut på middag på en restaurant, uten å fortelle ham at det var hans eget gravøl jeg hadde invitert ham til. Vi hadde en veldig hyggelig kveld. Etterpå sa han noe om at vi måtte treffes igjen. Jeg smilte fra hjertet, men jeg visste at det antagelig aldri ville komme til å skje. Det spilte ingen rolle lenger.

Så lenge jeg kunne være i fred i min egen magiske verden av stadig nye innsikter, følte jeg meg glad og tilfreds og munter. Jeg hadde tilgang til en annen virkelighet, som la helt nye dimensjoner til min fysiske hverdag. Jeg følte meg trygg på at om jeg hadde forlatt mitt fysiske liv, ville jeg ha glidd rett over i mitt eget eventyr. Kanskje ville jeg ikke engang ha lagt merke til at tyngdekraften hadde opphørt. Det kunne være like naturlig som det føltes når jeg drømte om nettene, uansett hvor absurde disse drømmene kunne fortone seg fra en menneskelig vurdering i våken tilstand.

Fra et rent menneskelig ståsted, hendte det at min trygge ensomhet ga seg utslag i tidvise tendenser til depresjon. Men som skaperen av min egen eventyrlige verden, ville jeg også kunne bringe opplevelser inn i min fysiske tilværelse og gjøre dem til virkelighet. Min virkelighet. Det var stort, og jeg var stor nok til å kunne gjøre det. Det ville kreve av meg, at jeg var villig til å gi litt slipp på min innelukkede tilværelse, som hadde vært så komfortabel for meg.

En dag gikk jeg og la meg i senga mi, på impuls, som jeg av og til gjorde. Jeg lå der og visste at jeg kunne motta innsikter og ny inspirasjon, men isteden ropte jeg inni meg:

- *Gå vekk!*

I min bevissthet merket jeg et nærvær. Men jeg ville ikke høre. Jeg gjemte hodet under armen. Så trakk jeg dyna over hodet, og gled langsomt inn i søvnen. Eller til nivåer av min bevissthet, som mitt våkne sinn ikke hadde noen kontroll over.

Denne samme kvelden fikk jeg en telefon fra mitt nye bekjentskap, hun som jeg hadde møtt nede ved vannet. Hun hadde en tendens til å dukke opp på mirakuløst vis, hver gang jeg trengte noe. Hun ville ut og ta et glass vin, for det var så mange hun kjente som skulle ut. Jeg kjente at alt strittet imot. Jeg var ikke interessert i å møte fulle mennesker, på et sted hvor musikken var så høy at det ikke var mulig å prate. Langt mindre deretter enten å måtte gå en time hjem igjen, eller bruke penger på en taxi. Men til tross for at hun ville drikke, og alle bekjentskapene som ventet på henne, insisterte hun på at hun ville treffe meg. Hun sa seg villig til både å hente meg og kjøre meg hjem igjen. Jeg skjønte at dette var min sjanse, både til å bryte ut av tilstanden min og til å oppleve hva jeg skapte når jeg ville noe for meg selv.

Allerede før vi var framme, var annen transport arrangert for meg til jeg skulle hjem igjen, helt uten min medvirkning. Da hun bestilte sin drink, bestilte jeg spontant en frisk alkoholfri miks, istedenfor min sedvanlige cola. Hun betalte dyrt for sin, jeg fikk min av bartenderen, uten noen forklaring. Det ble en munter kveld. Og på det perfekte tidspunkt, ble jeg fraktet hjem i taxi, uten at jeg behøvde å tenke på det. Hun bemerket litt forundret at hun hadde lagt merke til hvordan alt bare kommer til meg. Jeg bekreftet.

Mange hadde kommentert den observasjonen. For meg var det på sett og vis naturlig når det skjedde, fordi jeg så ofte opplevde hvordan alt la seg til rette for meg på enkleste vis, eller på de mest utrolige måter. Jeg opplevde det, som en observatør i mitt eget liv. Jeg moret meg over det, som min beste underholdning. I langt mindre grad forventet jeg det eller gjorde krav på det. Det var i det hele tatt veldig lite jeg krevde på noe område. Jeg var ekstremt tilbakeholden når det gjaldt å be om noe eller å motta noe jeg ble tilbudt. Nettopp derfor ble det så stort for meg, når tingene la seg til rette for meg likevel. Eller når jeg opplevde sånt som var utenfor min kontroll, som stjerneskudd og ville dyr. Denne egenskapen gjorde meg mer oppmerksom på signalene i alt som rørte seg omkring meg.

I denne perioden hadde jeg en tendens til å tiltrekke meg ville dyr, når jeg var ute og gikk en tur. Det kunne være rådyr, pinnsvin, grevling, rotter og mus, ekorn, insekter, fugler, reker og ellers hva jeg minst forventet å se.

Mens jeg var i England, et stykke utenfor London, hadde jeg den mest eventyrlige opplevelsen av ville dyr. Jeg hadde vært inne hos en av de andre deltagerne og hjulpet henne gjennom en prosess, som hadde vart til langt på natt. Alt var stille og mørkt, da jeg gikk for å finne mitt eget rom, som lå i et sidebygg et stykke bortenfor. Dette hotellet hadde ei sånn trapp som man ser i eventyrene om Askepott, som svinger seg elegant nedover og blir bredere nederst. Der nede svinget grusveien rundt en liten plen med et digert tuntre i midten. En perfekt fullmåne lyste ned på en gruppe med hjorter og harer som gresset på plenen under treet. Jeg ble stående midt i trappa å beundre det fantastiske synet. Jeg hadde ingen lyst til å forstyrre dem, men jeg måtte komme meg i seng. Rolig beveget dyrene seg foran meg, mens jeg gikk langsomt nedover trappa og oppover den smale grusveien. De svingte inn på en sidevei, ved det bygget jeg skulle inn i. Idet jeg passerte, stoppet harene og snudde seg. De sto på to bein med labbene samlet foran på harers vis, og så på meg. Som om de sa:

- Kom da, bli med da!

Jeg fortalte dem at jeg skulle rekke et tidlig fly, så jeg måtte nok gå og legge meg.

Omgjengelighetsforsker

Et ubehagelig press i hodet ble utløsende, for at jeg bestemte meg for å gå en tur ut i det fine vårværet. Temperaturen tillot sommertøy. Det første løvet hadde sprunget ut på enkelte trær og busker. Jeg følte meg fri, mens jeg la i vei, jeg følte meg som ett med landskapet. Et sted møtte jeg ei jente med en enorm hund, som kom rett imot meg.

- Den var svær, bemerket jeg til jenta, mens jeg ignorerte hundens påtrengende tilnærmelser.

- Den er så glad i folk, forsvarte hun seg. Jeg tenkte for meg selv at det er jeg også, men jeg kaster meg ikke over dem.

Som vanlig, lurte jeg på om denne opplevelsen jeg hadde tiltrukket meg kunne inneholde en personlig beskjed. Hva var det i så fall denne hunden kunne ha formidlet?

Jeg forestilte meg en omvendt situasjon, hvor mennesker oppførte seg som hunder, og gikk hverandre i møte og gjorde seg kjent med hverandre.

Kanskje var det på tide at jeg tok litt mer initiativ, og ikke bare lot det være opp til andre å velge sin grad av kontakt med meg.

Jeg tuslet fra svaberg til svaberg, fra strand til strand, fra vik til vik, med små opphold hvor jeg betraktet de nære omgivelsene og bare følte livet.

Jeg satt og så litt utover noen små holmer med noen enslige hytter på. Idyllisk, men for min del ville et opphold på et sånt sted isolere meg enda mer enn jeg allerede gjorde. Utenfor en brygge langs fjellet, fikk jeg øye på to små fisk mot en hvit stein. Jeg ble stående og fundere over at de eneste fiskene jeg kunne få øye på, var akkurat de to, mens vannet omkring sikkert krydde av småfisk som jeg ikke kunne se. Akkurat som alle de andre potensialene jeg hele tiden omgir meg med. De er der, men jeg ser dem ikke, selv når jeg leter. Men akkurat disse to fiskene hadde vist seg for meg på denne måten, fordi det var dette jeg trengte å se, for å hente fram denne påminnelsen. Jeg gikk litt videre, og plutselig fikk jeg øye på en fisk på størrelse med en god middag. Den sto helt stille over ei dypblå sjøstjerne. Jeg satte meg ned på bryggekanten for å betrakte den. Den så ut som en ørret, men jeg hadde ikke tilstrekkelig greie på fisk til å kunne avgjøre det. Jeg ante ikke om det fantes ørret i fjorden. Helt urørlig ble den stående på det samme stedet.

Jeg bestemte meg for at om det kom et menneske forbi, ville jeg spørre om han hadde greie på fisk. Det ga meg et perfekt påskudd for å åpne opp for kontakt med en eller annen. Det gikk en stund, mens fisken fortsatt sto oppstilt i posisjon. Jeg satte meg ned på brygga og betraktet den med forbauselse. Jeg undret meg over hva den ventet på. Da kom en bil, som parkerte ved enden av brygga. En mann med hatt steg ut av den gamle Volvoen.

- Ja, ja, tenkte jeg, i visshet om at ingenting er hva det ser ut til å være. Den skjeggete mannen med hendene fulle virket blid og imøtekommende, selv på avstand. Initiativet var nå opp til meg.

- Er det en ørret som står her? Nei, nå skremte du den!

Han rakk akkurat å konstatere overrasket at det dreide seg om en kilos sjøørret, idet han skremte den på flukt. Han svarte muntert at jeg skulle ha hyttet med neven til ham, for å holde ham på avstand.

Kontakten var opprettet. Vi fant tonen med det samme, og det ble et hyggelig møte. Så ville han gå til båten sin. Han bodde ute på en av holmene jeg nettopp hadde sittet og betraktet.

- Nei vent, jeg vil snakke mer med deg. Skriv ned telefonnummeret mitt!

Med mild forbauselse åpnet han den gamle lærveska si og fant fram noe å skrive med. Så dro han. Jeg moret meg over hendelsen, og over at jeg hadde fått så velvillig assistanse av en fisk.

Omgjengelighetsforsker kalte han meg, da han ringte og spurte om jeg hadde lyst til å komme over en tur og dele et måltid med ham, og fortsette praten. Det hadde jeg naturligvis. Han spurte hva slags vin jeg drakk og om det passet på fredag. Helst drakk jeg ingenting, jeg trivdes best uten alkohol. Jeg kunne ta litt hvitvin, bare for å delta. Da ble jeg betenkt. I min naivitet ville det ha passet å ta det spontant og med det samme, uten noen form for forberedelser. Jeg regnet fort ut at hvis han skulle drikke vin og vi befant oss på en øde holme på en fredagskveld, var jeg fullstendig overlatt til hans videre planer for hvordan dette møtet skulle arrangeres og tilrettelegges. Men jeg kunne ikke trekke meg fra denne erfaringen. En historie med en så fornøyelig innledning, fortjente sin oppfølging. Omgjengelighetsforsker, hadde han kalt meg. Flott, så får vi utforske hvor omgjengelige vi kan være, da.

I flere dager måtte jeg bare la være å lytte til tvil og fornuft. Vi hadde snust på hverandre som to ivrige hunder. Og så hadde jeg insistert på å beholde forbindelsen. Den inneholdt noe mer, som jeg ville utforske. Omgjengelighetsforskning. Det neste som skjedde, var akkurat hva jeg nettopp hadde fortalt meg selv at jeg ville unngå: En avtale for fremtiden. Redebygging. Forberedelser. Forventninger. Som man reder, så ligger man. En fremmed mann på en øde holme? Som drakk vin! Omgjengelighetsforskning. Hvor forsker man bedre på omgjengelighet enn på en øde holme…

Jeg gikk en reprise. Repriser har få overraskelsesmomenter. Jeg møtte den samme jenta og den samme hunden. Jenta hilste på meg, mens hun holdt hunden stramt i båndet. Jeg gikk den samme runden. Jeg speidet ned i vannet på det samme stedet hvor ørreten hadde stått, men ikke engang den blå sjøstjerna var der lenger. Jeg betraktet de samme hyttene på de samme holmene, men nå med en helt ny interesse. Så gikk jeg hjem igjen. Uten å ha oppdaget alle de nye potensialene, fordi jeg bare hadde fokus på det jeg allerede hadde opplevd. Til og med de samme klærne hadde jeg på meg. Som om jeg skulle være den samme som jeg hadde vært for et døgn siden. Det var ikke mulig. Utgangspunktet i dag var et helt annet. Jeg holdt meg selv tilbake i fortiden, mens jeg gikk glipp av øyeblikkets unike muligheter.

Så kom fredagen, da jeg ble hentet på brygga i en liten båt av en fremmed fyr. Ut på eventyr.

Jeg tok bare med meg akkurat det mest nødvendige i ei lomme på jakka. Det ble ikke dårlig vær som det var meldt. Genser og jakke holdt helt fint.

Han sa at han ville skifte når han kom tilbake, og ta på seg noe bedre. Jeg nøt båtturen, jeg kunne ikke huske når jeg sist hadde vært ute i en åpen båt på sjøen. Han hadde gjort det så fint i den koselige hytta med panoramautsikt over fjorden. Jeg nøt utsikten og solnedgangen til klassisk musikk. Han hadde dekket bordet klart for en skalldyrfest, stemningsfullt med levende lys. Til tross for de uvanlige omstendighetene, var det noe avslappet over hele opplevelsen.

Vi koste oss i timevis og spiste, pratet og lo, - til og med danset litt, da musikken inviterte til det.

Han hadde så mye å fortelle. Jeg spurte om han ikke skulle skifte, som han hadde sagt. Han gikk for å bytte tøy, og kom tilbake i ei astronautuniform med NASA-merke på.

Det var både hyggelig og morsomt. Lenge. Helt til vinen tok overtaket. Tre vinflasker var tømt, to hvite og en rød. Jeg hadde drukket i høyden et glass. Den siste flaska åpnet han med hammer og meisel.

Så ble han masete og innpåsliten. Ville danse, kose, klå. Kommunikasjonen opphørte. Jeg ble mer og mer utålmodig med å befinne meg i en situasjon som var helt og holdent på en full manns premisser. Jeg fant meg ikke i det. Det nyttet ikke å si noe. Nå snakket han dessuten bare engelsk. Jeg reiste meg resolutt opp og gikk ut. Jeg grep jakka mi i forbifarta. Der ble jeg stående, i stummende mørke, omgitt av vann på alle kanter. På den lille holmen var det ingen steder å gå. Jeg måtte bare stå utenfor hytta, og akseptere at situasjonen var en følge av mitt valg. Før eller senere ville det lysne av dag, og alt ville finne sin løsning. Gjennom vinduet så jeg en beruset astronaut som vimset fra rom til rom i den opplyste hytta og lette etter meg. Så kom han ut, bestyrtet over at han trodde jeg kunne ha druknet.

- Kan du få meg hjem?

Jeg ble forbauset over min egen besluttsomhet, og at jeg faktisk hadde bedt en beruset mann om å ta meg med ut på havet i en liten båt. Jeg gikk først i båten. Han ramlet etter, så jeg måtte gripe tak i ham, så han ikke veltet båten eller falt uti. Det var nære på. Langsomt gled båten lenger og lenger fra brygga og ut i den bekmørke natten, mens han fomlet med å få liv i motoren. Så fikk han startet den, og kjørte i rykk og napp. Jeg håpet bare at han traff brygga med innarbeidet presisjon, så denne turen kunne være over. Jeg kunne ikke komme meg fort nok i land. Jeg gikk bortover bryggene og inn i mørket og natten, så raskt at han ikke skulle rekke å fortøye og ta meg igjen. Alt hadde gått bra. Selv den ubehagelige delen. Jeg ble stående en stund, da jeg hadde kommet meg på avstand. Nede på bryggene ravet en full mann i astronautuniform fra NASA og ropte i mørket.

- I love you, I love you!

Et kort øyeblikk følte jeg ansvar, til jeg bestemte meg for å la det være som det var. Jeg overlot ham til seg selv og gikk hjem, og håpet jeg ville slippe å lese i avisa neste dag, om en mann i astronautdrakt, som var funnet forulykket.

I dagene som fulgte, var det ikke til å unngå at jeg så i retning av holmen ute i fjorden, når jeg av og til befant meg i området. Eller sjekket om båten lå ved brygga. Et par uker gikk. Jeg hadde vært ute i sola i mange timer. Det forundret meg at jeg følte en sterk dragning mot å gå bort til brygga og konstatere at båten lå ved land. Det var en av disse impulsene av ustoppelighet, som jeg bare måtte følge. Jeg tok på meg skoene, og gikk ut, mens dagen var i ferd med å mørkne. Himmelen var svakt rosa, der som sola hadde gått ned. Det var kjølig i lufta, men friskt og stille. Det var lavvann og blikkstille sjø. Båten lå der. Bilen var borte. Jeg gikk helt ut dit hvor jeg kunne se over til hytta. Der ute hadde jeg befunnet meg med en mann i magiske omgivelser. Men han hadde foretrukket å drikke seg inn i sitt eget alkoholeventyr. Fra et par av vinduene lyste det oransje, som om hytta sto i brann. Av og til beveget det seg litt, men det brant ikke. Det måtte være noe som speilet seg i glasset, men jeg forsto ikke hva det var. Hvis det hadde noe med himmelen å gjøre, ville det snart forandre seg. Men det gjorde ikke det, så lenge jeg sto der. Til slutt gikk jeg igjen, og så snart jeg flyttet på meg, forsvant lyset fra vinduene. Det hadde bare vært synlig fra akkurat der jeg sto, som om det var en hilsen direkte rettet til meg.

Mens jeg gikk tilbake langs brygga, og tittet ned i vannet, kom plutselig ei stor flyndre svømmende langs bunnen i en bue, til den hadde retning rett imot meg. Den var på størrelse med en liten tallerken. Der stoppet den, som om den så på meg. Jeg satte meg langsomt ned på huk, sånn som jeg hadde gjort da ørreten hadde stått like bortenfor. Men flyndra bare avleverte sitt budskap, før den snudde og svømte sin vei. Beskjeden var enkel:

- Ikke se deg tilbake. Det kommer noe annet neste gang.

Jeg strålte. Jeg følte det som om jeg hadde fått en åpenbaring. Det var mer enn påfallende hvordan alle disse ulike dyrene kom til meg, på så mange ulike måter. Det var som et eventyr. Det var magisk. Og det var knapt troverdig, selv for meg som opplevde det. På himmelen hadde nymånen kommet til syne, så tynn som jeg aldri før hadde sett den.

Beruselse

Vinen jeg ble servert under besøket på holmen het Est! Est!! Est!!! og hadde en særegen historie fra året 1111.

Den tyske biskopen og vinelskeren Johann Fugger reiste det året til Roma for kroningen av keiser Henrik V. Han sendte sin tjener Martin en dagsreise i forveien, for å finne et passende sted å bo. Martin ble bedt om å skrive ordet Est på døren til vertshuset med den beste vin. "Est" er latin og betyr "Det er".

Når biskopen ankom den lille landsbyen Montefiascone utenfor Roma, fant han Est! Est !! Est !!! skrevet over døren til vertshuset. Og det var sant. Biskopen likte vinen så godt, at han bodde der til sine dagers ende. Inskripsjonen på hans grav forteller på latin at han døde der på grunn av for mye Est! Est!! Est!!! I sitt testamente spesifiserte biskopen at et fat av vinen årlig skulle helles over hans grav på årsdagen for sin død.

Personlig foretrakk jeg å beruses av mine egne opplevelser fra innsiden, når livets absurditeter fikk utfolde seg spontant og på de mest uventede måter. For meg overgikk disse høyst personlige opplevelsene av naturlig flyt et hvilket som helst fluidum, som inntas fra flasker og glass. Jeg husket ikke hvor dette standpunktet hadde sin opprinnelse. Veldig tidlig i livet, kort etter at jeg hadde lært å holde meg oppreist på egne bein, tømte jeg i et ubevoktet øyeblikk i meg restene fra et ukjent antall likørglass. Min mor hadde selskap. Alle hadde forlatt bordet et øyeblikk, for å se på en stor båt som passerte ute på fjorden. Det var den eneste gangen jeg var full. Etter det rørte jeg ikke alkohol på flere tiår. Mest av alt var det et uttrykk for at jeg ville velge for meg selv, fra gang til gang, fra øyeblikk til øyeblikk, istedenfor å la meg lede inn i de sosiale mønstrene som var forventet. Allerede tidlig i tenårene hadde jeg et klart standpunkt til dette, som ikke lot seg påvirke av gruppepress. Enda så sjenert og full av komplekser jeg var. Jeg ville velge mine handlinger fra et edru ståsted, så hemningsløst og uten begrensninger som jeg var i stand til. Det hadde sin pris, for mitt selvbilde sto det dårlig til med. Og likevel var jeg selvbevisst nok, til å vite at det skulle være mine vurderinger som gjaldt for meg. Jeg ville være bra nok, uansett hva jeg følte, og uansett hva andre mente og sa. Jeg ville ikke påvirkes i for sterk grad av andres anerkjennelse og vurderinger. Jeg ville vite, at alt som skjedde var mitt valg, mitt ansvar, min fortjeneste. Mitt eventyr.

Personlige verdier

Det fine med eventyr, er at man ikke forteller om alle de dagene hvor man føler seg helt flat, tom for energi, sliten. Det spiller ingen rolle i helheten.

Jeg hadde bestemt meg for å ta ei uke i senga, siden jeg ikke kom på noe annet å foreta meg. Jeg sto bare opp for å hente meg mat og gå på do. Jeg tilbragte dagen med laptopen på dyna. Jeg elsket å leke med skapende verktøy. Da oppsto et kreativt uttrykk, som ga meg direkte assosiasjoner til mynter. Jeg stilte meg spørsmålet om hva som ville være mine verdier, siden jeg hadde så liten interesse for penger. Økonomi var et tema jeg helst ikke ville forholde meg til, utover det at jeg pliktoppfyllende hadde betalt mine regninger, og hittil i livet ellers levd sparsommelig og fornuftig. Jeg hadde et nokså utradisjonelt forhold til penger. Jeg levde helt fint med det jeg hadde, og jeg følte meg aldri fattig eller at jeg hadde dårlig råd. Det fantes alltid løsninger. Nå forestilte jeg meg helt nye symbolske myntenheter, i det landet jeg kalte Dukana. Jeg laget meg tolv ulike motiver, påført hver sine utvalgte verdier. I alfabetisk rekkefølge var verdiene jeg valgte meg: Verdien av aksept, balanse, frihet, hvile, kreativitet, å lytte, medfølelse, nytelse, tillit, tilstedeværelse, øyeblikket, åpenhet. Verdier som vil endre sin betydning, etter hvor man befinner seg i livet.

Jeg kontaktet Det Norske Myntverket, og fikk besøk av en konsulent. I følge myntverket, var det ikke tillatt å kalle dem mynt. Jeg ble anbefalt å presentere dem som smykker, og kunne få dem produsert i både gull og sølv. Noen dager senere fikk jeg et tilbud tilsendt i posten. Det innebar et minste kvantum, en skyhøy kvalitet, og en investering på halvannen million. – Ja vel, sa jeg. Sønnen min og kjæresten hans ble alvorlig bekymret. Men sånn var det, når jeg først hadde bestemt meg for noe. Jeg lot meg ikke stoppe av krav og begrensninger og ildsprutende drager. Ganske snart dukket det opp en annen løsning, som gjorde en gjennomføring langt mer tilgjengelig. Jeg gikk inn i erfaringen av hvor ufattelig lang tid det kan ta å tilrettelegge for et produkt, en idé. Jeg kunne aldri ha forestilt meg hvor mange detaljer som måtte på plass, hvor mange mennesker som måtte engasjeres, hvor mange avgjørelser jeg måtte forholde meg til, som bare jeg kunne ta. For hvert spørsmål som fant sin løsning, dukket det automatisk opp en rekke nye detaljer, om dimensjoner, nyanser og betingelser som måtte avklares. Jeg fikk dem omsider ut i handelen.

For meg var verdidukanene den fysiske manifestasjonen av myntenheten i Dukana. De hadde form av små mynter, bortsett fra at de var påmontert en anordning for å kunne benyttes som et smykke, eller en medalje. De var påført de verdiene jeg verdsatte i min tilværelse, i fraværet av kroner og hard valuta.

Sølvsmykkene ble solgt i forretninger over hele landet. Enda et produkt som pengemessig endte med å koste meg mer enn jeg fikk dekket, men som utallige mennesker hadde engasjement og fortjeneste av, og som brakte inntekter til staten. Enda en erfaring jeg satte større pris på, enn kronene den kostet meg. Det ble ikke den siste, i rekken av den typen erfaringer. Nye ideer fulgte. Nye kreative produkter. Nye erfaringer på enda flere områder. Nye forståelser av meg selv og nye møter med mine personlige komfortsoner og begrensninger. Alltid noe nytt, alltid forandring, oppmuntret av vissheten om at alt er mulig.

Den gangen jeg falt og skadet beinet, hadde jeg ironisk nok "Verdien av balanse" hengende i et armbånd. Den havnet på tvers idet jeg traff asfalten, og boret seg inn i hånden min.

Fysisk balanse er vanligvis et resultat av likeverdige faktorer satt opp mot hverandre. Det kan være hva som helst, så lenge de på noen måte kan vurderes som likeverdige.

Personlig indre balanse er tvert imot et resultat av å la være å sette faktorer opp mot hverandre.

Ved å sentrere fokus mot sin egen kjerne, vil man kunne danse på slak line uten sikkerhetsnett, upåvirket av ytre faktorer. Forstyrres fokuset av ytre detaljer, vil selv den mest ubetydelige faktor kunne vippe hele lasset.

Hvert av disse begrepene vil endre sin betydning, sin verdi, etter hvert som man utvider sin bevissthet og skifter fokus, fra utadrettet og overfladisk til en dypere personlig innsikt. En mann diskuterte tillit med meg en gang. Han sa at tillit er noe man må gjøre seg fortjent til. Han hadde et ensidig utadrettet fokus. Tillit handlet for ham om noe utenfor ham selv, eller om en annen person. Selvtillit er også vanligvis forbundet med handlinger og valg, satt opp mot ytre faktorer av å skulle prestere og bli vurdert. Ren og uforbeholden tillit, er det som man ofte kan se hos små barn. Hos voksne blir denne egenskapen forbundet med naivitet, gjerne med en litt nedlatende klang. Naivitet var en forutsetning for å kunne leve på den måten jeg gjorde. Barns naivitet blir fratatt dem, av voksne som har mistet sin. Gradvis innså jeg, at for å kunne gjøre krav på min egen naive tillit til livet, ville jeg måtte ta avstand til en del voksne og deres holdninger. Som barn kunne jeg ikke gjøre det. Men som voksen kunne jeg velge å ha tillit til noe jeg kjente dypt i meg selv, som fikk meg til å føle meg trygg, ivaretatt og upåvirket av trusler og represalier.

Jeg var derimot ikke like upåvirket av energiene jeg fanget opp fra mine omgivelser. Jo mer åpen og sensitiv jeg ble, jo mer påvirket ble jeg av ubalansene jeg omga meg med. På det tidspunktet forsto jeg det ikke, og jeg kunne ikke helt skille mellom det som var mitt og det jeg ellers tok inn. Jeg forsto det bare når det utspilte seg noe helt spesielt, som jeg senere fikk bekreftet. Som for eksempel, da jeg lå i senga og følte at jeg hadde rier, på et tidspunkt det senere viste seg at naboen min hadde født en sønn.

Visjonen

Et hus, en bygning, kan være en metafor for et menneskes opplevelse av seg selv og sin eksistens.

I vissheten om hva som var mulig, landet en visjon i min bevissthet. Plutselig og uventet var den der bare. Jeg opplevde det omtrent som når en datamaskin eller smarttelefon laster ned en grunnleggende oppdatering, som iverksetter noen helt nye funksjoner. Visjonen hadde beskrevet et hus, og det var ikke den første visjonen jeg hadde hatt om et hus. Jeg så for meg et stort hus med mange rom og store fellesarealer. Jeg så for meg mennesker som ville komme og gå, mens jeg var den som bodde der hele tiden. Jeg så et kreativt fellesskap av selvstendige, uavhengige individer. Jeg så åpenhet, aksept og kommunikasjon.

I hele mitt liv hadde jeg hatt en overordnet trang til å isolere meg og holde meg for meg selv. Jeg ble sjelden kjent med folk, og jeg holdt ikke kontakten med de jeg møtte. Ingen som ikke kjente meg godt, kunne vite dette. I direkte kontakt med folk, virket jeg både utadvendt og munter, så lenge det skjedde på mine premisser. Det var bare akkurat der og da. I neste øyeblikk var jeg alene med meg selv igjen, og hadde nok med det. Jeg trivdes aller best i mitt eget selskap. Det hadde alltid vært på den måten. Jeg hadde vokst opp på en holme, hvor jeg tuslet mye for meg selv. Da jeg fikk viltre og krevende småsøsken, og søskenbarn som kom på besøk, bare forsterket det trangen min til å trekke meg unna. Jeg sluttet å feire fødselsdagen min da jeg var ni.

I min indre verden var det for det meste ro og harmoni. I den virkeligheten jeg omga meg med, var det støy og konflikter, stress og strev. Så kom livet til et punkt av at jeg ble alene igjen. Jeg var ikke lenger en mor, foran alle andre hensyn. Jeg stilte meg spørsmål om hva jeg nå ønsket aller mest for meg selv, nå som jeg kunne velge på øverste hylle. Ville jeg sitte alene i min egen behagelige ro resten av livet? Svaret var like enkelt som det var komplisert. Jeg ville leve sammen med mange mennesker, og kunne være helt i fred. Tilsynelatende en selvmotsigelse, men jeg visste at det kunne la seg gjøre. Jeg visste også at dette var noe som nødvendigvis lå et stykke fram i tid. Jeg var ikke på noen måte klar for å oppfylle mitt eget høyeste ønske. Det eneste jeg visste, var at når jeg virkelig ville noe, ville det komme til meg i den grad jeg var åpen og mottagelig.

Sykemeldingsperioden min hadde vist meg noe helt avgjørende i denne sammenheng. Mye av løsningene lå i å gi slipp på alt strev, og bare akseptere det som utspilte seg underveis, uansett hva det kunne se ut som. Det ville før eller senere bringe meg til nye innsikter. Utviklingen av denne aksepten støttet opp om min egen tillit til selve livet, og troen på meg selv som den kreative skaperen av min egen tilværelse. Det som i tidligere erfaringer hadde handlet om å holde ut, handlet nå mer og mer om å forholde meg våken og fokusert, og velge for meg selv hvert eneste øyeblikk. Spesielt i de situasjonene, hvor noe opplevdes ubalansert, krevende eller direkte utfordrende. Jeg opplevde mer og mer disse situasjonene som om de snakket direkte til meg, og stilte meg spørsmål om hvem jeg ville være i mitt eget liv.

Med stadig større interesse, observerte jeg alt jeg opplevde. Tilfeldigheter eksisterte ikke for meg lenger. Jeg frydet meg over alt det som la seg til rette for meg, og undret meg over sånt som så ut til å kunne inneholde en personlig beskjed. Det kunne være en påminnelse om å foreta et valg jeg ville trives bedre med. Situasjoner tilspisset seg, til de ble tydelige nok, til jeg innså hvilken rolle jeg ikke var oppmerksom på at jeg spilte ut, på min egen bekostning. Jeg var ikke på noe tidspunkt villig til å legge ansvaret for mine opplevelser over på noen, eller noe annet, enn meg selv. Det handlet aldri om skyld, men om en oppvåkning mot å oppleve alt med en større klarhet og se meg selv fra et bredere perspektiv.

Visjonen min handlet ikke om hva jeg ville for andre mennesker eller for et samfunn jeg ville skape, men om hvordan jeg ønsket å leve i min hverdag. Å ville noe for andre mennesker, fungerer ikke nødvendigvis etter sin hensikt. Hva et menneske vil for seg selv, bevisst eller ubevisst, er alltid en overordnet faktor. Dessuten er et annet menneskes livserfaringer en personlig sak, med mange flere lag enn hva det kan se ut som fra utsiden. For min egen del hadde jeg ingen ønsker om at noen ville ha reddet meg fra de mange vonde erfaringene i livet mitt. De som faktisk forsøkte, opplevde jeg bare som påtrengende. Spesielt under sykemeldingsperioden, da hvert eneste menneske jeg møtte hadde et forslag til hva jeg kunne gjøre for at noe skulle bli annerledes. Det var selvfølgelig godt ment, men det jeg virkelig trengte, var bare aksept for at det var sånn det var akkurat da. Jo mindre jeg foretok meg for å endre situasjonen min, jo tydeligere ble de naturlige endringene som skjedde i meg på et dypere plan. De kunne bare utvikle seg i meg, fordi denne perioden ga meg den roen jeg trengte, på tvers av alle rutinemessige gjøremål. Jeg hadde ikke krefter i kroppen. Mistet jeg noe på gulvet, ble det liggende. Selv det ble en viktig del av erfaringen av å akseptere meg selv og mitt egenverd, uavhengig av prestasjoner og bevis på hva jeg sto for og var god for. Av alle de fantastiske tingene jeg har gjort, og alt det jeg har vært så dyktig til, så er min beste egenskap det jeg er, i kjernen av alt det jeg ellers ser ut til å være. Fra denne essensen av alt hva jeg er, kan jeg skape absolutt hva som helst. I denne kjernen er jeg ren bevissthet. Alt annet er relatert til den forbigående erfaringen av å være et fysisk menneske på jorda. I kontakten med den rene bevisstheten jeg er, kan jeg leve mitt fysiske liv akkurat som jeg vil, og på de måtene jeg har lyst til. Alt er mulig, i den grad jeg som menneske er klar for det. Derfor handler mitt liv bare om meg. Og likevel ønsket jeg meg et stort hus med rom for mennesker jeg sporadisk kunne oppleve livet sammen med, en dag av gangen, øyeblikk for øyeblikk. Mennesker som ville være der for å oppleve seg selv. Mennesker som valgte tilstedeværelsen i sin egen personlige oppvåkning.

Plutselig visste jeg det bare. Jeg skulle flytte. Ikke på noe tidspunkt hadde jeg ønsket å flytte fra huset mitt. Jeg trivdes der. Boligen var alt hva jeg hadde ønsket meg. Inntil da. Men jeg hadde fått en helt ny idé. Den hadde invadert hodet mitt. Jeg klarte ikke å la være å tenke på det. Jeg gledet meg, vilt og hemningsløst. Jeg forestilte meg et digert hus med mange soverom, med felles kjøkken og dagligrom, og et eget rom som var mitt private. Hver og en av de besøkende ville selv ivareta sine egne interesser og innrette seg på sine egne premisser.

Ny bevissthet

Jeg hadde en visjon, og jeg hadde tillit til at alt ville komme til meg når jeg minst ventet det, og på måter jeg ikke kunne forutse.

De historiene jeg fortalte meg selv, handlet ytre sett om de utpregede hendelsene, som fremkaller emosjonelle og fysiske reaksjoner, og gir innhold til det fysiske livet. Under alt dette, lå hele tiden den dype vissheten om at alt er som det skal være, og at øyeblikkets erfaringer var forbigående og nødvendige justeringer langs min unike erfaringsvei.

Det var lettere å beskrive de fysiske hendelsene, enn den dype drivkraften bak mine opplevelser. De fysiske hendelsene kunne uttrykkes i ord og bilder. De dypere opplevelsene av historiene kunne bare beskrives i metaforer, for de var en høyst personlig opplevelse. De var basert på en dyp og urokkelig visshet, fra et sted mellom de dypeste åndedragene, uten tolkninger og uten religiøse føringer. En personlig visshet som bare kan oppleves. Fra en bevissthet som inneholder alle svar, og som ville presentere løsningene for meg, når jeg var klar for det.

Menneskelige erfaringer kan ta utallige retninger, innenfor så mange slags kategorier. Etter hvert som menneskene åpner opp for en ny bevissthet, blir selve historiene av underordnet betydning. De er bare et sett av omstendigheter, som gir rom for personlig livserfaring. Erfaringene legger grunnlaget for den visdommen man bærer i seg. Hver og en står fritt til å velge hvordan man vil fortelle sin historie og hva man ønsker å rette fokus mot.

Ettersom man gjennom personlig utvikling endrer retning og skifter fokus, vil historiene endre karakter.

På et eller annet tidspunkt begynte jeg å fortelle meg selv historien om min egen vei, som et eventyr jeg kunne underholde meg med og oppmuntres av. Det var både et utslag av en sterk formidlingstrang, og et nyttig verktøy for meg. Alle inntrykkene underveis, gjorde av og til at jeg mistet meg selv litt, og glemte å kjenne etter hva som var av betydning for meg.

Gjennom den lange sykemeldingsperioden, hadde alt jeg trodde jeg visste om meg selv, sluttet å gjelde lenger. Jeg visste hva som hadde vært gjeldende i livet mitt til det punktet, og jeg visste hvordan jeg opplevde at alt forandret seg, men jeg ante ikke hvem jeg ville være i fortsettelsen av dette.

Trangen til å skrive, hadde startet med at jeg en dag merket at noen ferdig formulerte setninger festet seg i tankene mine, mens jeg var ute og kjørte bil. Etter en stund kom flere setninger. De handlet om livet mitt. Det resulterte i at jeg måtte svinge inn på en parkeringsplass og finne fram noe å skrive på, så jeg kunne få setningene ut av hodet mitt. På den måten begynte jeg å skrive. Når setningene kom, ga de meg ikke fred før de var blitt skrevet ned. Da ble det tomt, og det var en lettelse. Etter hvert merket jeg at mens jeg skrev, kom setningene til meg uten at de behøvde å gå veien innom tankene. Hvis jeg følte noe som uroet meg, kunne jeg begynne å skrive til det var tomt. Da ble det ro, uten at jeg behøvde å fundere på noe som helst. Innimellom skrev jeg meg til en klarhet som forbauset meg, på måter jeg aldri ville ha kunnet tenke ut. Gjennom å skrive, kom jeg nærmere i kontakt med hva jeg faktisk opplevde på et dypere plan, og på den måten så jeg hvordan jeg endret perspektiv fra dag til dag og fra år til år. Kontakten med min personlige bevissthet, ble viktigere for meg enn noe annet i livet. Den ble viktigere enn selve livet. Det ble så viktig for meg, at jeg valgte å holde avstand til det meste av det som foregikk utenfor meg selv.

Det fantes en visshet i meg, som jeg kunne velge å følge, eller velge å overse av hensyn til andres behov og meninger. Jeg valgte å følge mine egne signaler. Jeg satte hensynet til meg selv først, og valgte å være den viktigste i mitt eget liv.

Dedikasjonen i mitt valg om å følge min indre stemme, ville aldri kunne vurderes etter en skala av synlige og målbare resultater. Min dypeste bevissthet tok ikke sånne hensyn, den forholdt seg til et mye større helhetsbilde.

Rollespill

Når man velger sin sannhet, vil man finne beviser og bekreftelser på det man ser i retning av.

I min opplevelse, hadde jeg allerede erfart at jeg kunne manifestere et hus, fra et hvilket som helst tilsynelatende umulig utgangspunkt. Den delen av visjonen min virket som et overkommelig prosjekt. Det som virket mer uklart for meg, var den delen som handlet om de andre menneskene som ville være involvert. Det ville være som å manifestere inn alle mine aspekter, og møte dem fysisk, forhåpentlig på et nivå som jeg kunne trives med. Det hadde vært komplisert nok, mens de kun var en energi jeg kunne føle i meg selv. Opplevelsen ville bli en helt annen idet jeg måtte forholde meg til de fysiske utgavene. Hittil hadde jeg for det meste levd et tilbaketrukket liv og holdt meg mye for meg selv. Den personlige kontakten jeg hadde med folk, kunne fort føles litt mer påtrengende for meg, enn jeg følte meg komfortabel med. Samtidig opplevde jeg iblant situasjoner av menneskelig interaksjon, som viste meg hva som kunne være mulig. Nok til at det oppmuntret retningen. Jeg samlet disse erfaringene i mitt indre arkiv, som eksempler til veiledning for det konseptet som visjonen min hadde vist meg.

I tillit til at alt ville legge seg til rette for meg, observerte jeg hva som skjedde når pengebeholdningen så ut til å ville ta slutt. Jeg arbeidet veldig lite, men hele tiden hadde jeg av ulike årsaker midler til disposisjon. Igjen og igjen var mitt fokus rettet mot hva som ville kunne komme til å hende, når pengebeholdningen opphørte. Hver gang ble opplevelsen forstyrret av at noe uventet oppsto, som forhindret at det tok helt slutt. Jeg oppfattet det først som en utsettelse, til jeg innså at det aldri ville komme til å bli et reelt problem. I en begrenset oppfatning av hvor penger kan komme fra, og hva de ville måtte dekke, vil fokuset på mangel manifestere mer mangel. Jeg hadde ingen påviselig økonomisk overflod, men i mine oppfatninger var overflod tilgjengelig for meg som et flytende begrep.

Et par ganger i året kom hele bunken av store regninger på en gang, sånn som alle huseiere kjenner til. Til å begynne med tok det fullstendig kvelertak på meg et øyeblikk, for jeg hadde ingen anelse om hvordan jeg skulle få det til. Jeg så meg lettere panisk om etter noe jeg kunne selge. Men det fantes ingenting av særlig verdi. Hver eneste gang erfarte jeg, at det kom til et punkt hvor alt plutselig hadde løst seg på forunderlig vis. Jeg hadde fortsatt bolig, mat, klær og alt jeg trengte. Etter noen år begynte jeg å forutse at det samme ville komme til å utspille seg, på akkurat like ubegripelig og uforutsigbart vis som alle de tidligere gangene. Jeg droppet bekymringene, de var ikke til noen nytte. Jeg tillot at en og annen regning fikk ligge til forfallsdato var passert, jeg innså at det ikke spilte noen rolle for noen. Jeg hadde vært så pliktoppfyllende! Jeg lot det til og med passere et punkt hvor det medførte purringer med gebyr. Jeg innså at det også var en bagatell, så lenge jeg fikk ordnet opp i det. Det var en viktig øvelse i å tro på meg selv og min egen evne og vilje til å invitere uventede løsninger inn.

Jeg så at regningsbunken hopet seg opp til en betydelig haug. Jeg merket at jeg kunne betrakte den, uten at det berørte meg. Jeg følte meg fullstendig trygg. Så forsvant internett plutselig en dag. Da jeg skulle ringe og få det i gang igjen, virket ikke telefonen lenger heller. Jeg fikk låne en telefon og ordnet opp i det. I neste øyeblikk kom en melding om at vannet kunne komme til å bli stengt. Ikke lenge etter kom et varsel om tvangsfullbyrdelse av huset mitt. Det ville bli solgt på tvangsauksjon, om jeg ikke gjorde opp for meg.

Det utløste noe i meg, som jeg ikke hadde forutsett. Jeg spratt omkring på gulvet, jublende glad, fram og tilbake mellom rommene i huset mitt. Jeg visste at situasjonen hadde nådd et punkt, hvor en løsning var nødt til å dukke opp. Jeg opplevde det som en enorm lettelse, en forløsning. Da jeg hadde fått roet meg tilstrekkelig, bestemte jeg meg for å gjøre det enkelt for meg selv. Jeg ville selge huset, helt frivillig, og gjøre opp all min gjeld. Det føltes som et enkelt valg. Å selge det fine huset mitt, ville være lett. Dette var på en fredag, så jeg hadde hele helgen til å forberede meg på å kontakte de nødvendige instanser. Den ene av sønnene mine hadde allerede flyttet hjemmefra, og den andre ville snart forlate redet. Salget ville gi meg penger nok til å leie meg et sted for lang tid framover, og jeg ville være gjeldfri.

Før helgen var gått, dukket det opp en annen løsning, helt av seg selv. Jeg ble tilbudt et personlig lån på hele den summen som skulle til for å dekke alle regningene mine. Tilbudet var basert på tillit, og uten betingelser. Jeg avslo umiddelbart, jeg var på ingen måte interessert i å pådra meg enda mer gjeld, nå som jeg hadde sett i retning av helt nye utsikter. Men, under samtalens løp begynte jeg å se litt annerledes på det. Hva formidlet jeg egentlig til meg selv, når jeg ikke var villig til å ta imot en utstrakt hånd? Hvis jeg virkelig trodde på meg selv, ville jeg vite at også dette ville komme til å løse seg for meg. Uansett ville jeg når som helst kunne velge å selge huset mitt, nå som tanken allerede var tenkt. Jeg aksepterte tilbudet, for å gi meg litt pusterom til å kunne selge huset i mitt eget tempo.

Plutselig var alle regningene betalt, og alt så helt annerledes ut. Jeg oppsøkte det offentlige støtteapparatet, for å konfrontere min egen motstand mot å måtte gjøre nettopp det. Jeg hadde vært i nærkontakt med dem tidligere, i forbindelse med at jeg gikk ut av ekteskapet og etterlot alt. Det hadde satt sine spor av en sår opplevelse av å føle meg ydmyket. Jeg tok en telefon og ga klar beskjed om at jeg ikke ville akseptere å ydmykes igjen. Jeg ble møtt av en usedvanlig hyggelig saksbehandler. Hun ga meg økonomisk hjelp under forutsetning av at jeg ville registrere meg som arbeidssøker.

Jeg var på ingen måte interessert i de arbeidsoppgavene som ble tilbudt meg. Jeg kjente en sterk trang til å kunne være oppriktig om at jeg ønsket å finne mine egne løsninger, på min egen måte. I etterkant forsto jeg, at akkurat det kom i konflikt med det offentlige systemet. Min oppriktighet påla min saksbehandler en byrde, og satte henne i lojalitetskonflikt, som hun ville ha sluppet, hvis jeg hadde vært villig til å spille etter de gjeldende reglene. Hun var bare en ansatt, som pliktoppfyllende gjorde jobben sin. Dette var en rent forretningsmessig avtale, ikke en personlig sak. Jeg hadde aldri forstått meg på forretninger. Mitt fravær av konkurranseinstinkt, hadde gjort meg blind for spill og regler. Spesielt de som gjelder for forretninger og krig, og alt annet som handler om å tilkjempe seg verdier og oppnå status, makt og anerkjennelse. Det var ikke noe jeg fordømte, jeg var bare ikke i personlig kontakt med det. Det hadde ikke noen plass i min indre verden. Det var som et fremmed land, som jeg bare hadde hørt om og ikke hadde noe ønske om å oppsøke. I tillegg var mitt eget Dukana nokså nytt og uutforsket for meg. Derfor var min oppriktighet litt vaklende. Jeg ble selv stående i lojalitetskonflikt, mellom en personlig sannhet, som jeg ikke kunne definere, og de ytre kravene jeg ble stilt overfor. Derfor var det også lettere å ta hensyn til saksbehandlerens dilemma, enn til mine egne ubegripelige forventninger.

I en periode mottok jeg penger, uten å behøve og gjøre meg fortjent til dem, annet enn ved å fylle ut noen skjemaer med jevne mellomrom. Jeg trengte denne erfaringen også. For meg, som hadde vært så pliktoppfyllende og ikke minst så dyktig i alt jeg hadde gjort, satt det langt inne å bare motta, uten noen påviselig grunn til at jeg fortjente det. Men det skapte også en opplevelse av avhengighet, som stemte dårlig med mitt grunnleggende ønske om å kunne klare meg på egenhånd. Saken tok en ny vending, da en overordnet plutselig innkalte til et møte. Jeg la merke til hvordan saksbehandleren på avdelingen for arbeidssøkere skiftet fullstendig personlighet under sjefens innflytelse. Jeg fikk beskjed om at den opprinnelige saksbehandleren hadde blitt forflyttet, som om hun ikke hadde utført jobben sin tilfredsstillende. Jeg trodde ikke på det. Jeg så at dette var spillets vokter i egen personlighet. Vi kommuniserte ikke på noen måte, det var som om vi snakket to ulike språk og overhode ikke forsto hverandre. Så fikk jeg en innskytelse. Jeg sa at nå ville jeg spille etter hennes regler en stund. Jeg trodde fleipen var åpenbar, men damen lyste opp og smilte fra øre til øre. Jeg gikk helt og holdent inn i rollen, og overspilte ganske dramatisk, etter min egen oppfatning. Men det var som å ha helt olje på et maskineri. Plutselig ble alt satt i bevegelse. Jeg takket og smilte og fremsto som velvilligheten i egen person. Jeg la på i tjukke lag. Jeg endte opp med ei diger bunke med totalt uaktuelle jobbtilbud. Jeg smilte bredt og sa tusen takk. Jeg fikk en ny avtale om et par uker, og jeg takket igjen. Sjefshurpa smilte, og var veldig fornøyd med sakens utvikling.

Fra min side var saken avgjort. Det var helt uaktuelt for meg å fortsette dette spillet. Da jeg kom tilbake til det avtalte møtet, visste jeg hva jeg ville gjøre. Jeg ventet rolig til det rette øyeblikket. Så sa jeg med rolig besluttsomhet, at jeg heller ville gå ut i sola. Jeg reiste meg fra stolen. Det kom fullstendig uventet på dem. De ga uttrykk for oppriktig bekymring på mine vegne. Jeg lot dem sitte der med bekymringene sine. De var ikke mine. Så gikk jeg.

Ut. Fri.

Fra min ydmyke takknemlighet, kom en tanke om å sende den første saksbehandleren en takk for at hun hadde behandlet meg så fint. Da innså jeg, at det var hun som til sist hadde provosert meg, som hadde vært utslagsgivende for at jeg hadde reist meg og stått opp for meg selv. Det ene var ikke noe bedre enn det andre, det hadde bare trukket meg i ulike retninger i kontakten med mine komfortsoner.

Campingbil

Jeg la meg på senga og pustet i en time. Den bevisste pusten beroliget tanker og sinn, og åpnet dører til ny innsikt i meg, som gjorde det umulige mulig.

Et år senere solgte jeg huset mitt. Jeg ga bort det meste av mine eiendeler, solgte noe, kastet mye. Resten plasserte jeg på et lager. Jeg oppdaget at jeg hadde langt større glede av opplevelsene av å gi bort tingene, enn å forhandle med skeptiske kjøpere. Når jeg la ut noe på nettet for å gi bort, samlet jeg esker med ting langs den lange gangen ved inngangsdøra og tilbød det til de som kom. På den måten fikk jeg ryddet opp usedvanlig effektivt. En som skulle hente noe hageutstyr, kom med en tilhenger og fortalte at han holdt på å anlegge hage. Dermed fikk jeg tømt hele boden min for potter og hageredskaper.

Mens jeg satt der og ventet på at noen saker skulle bli hentet, kom jeg til å huske på en historie min mor hadde fortalt meg fra jeg var lita og satt i barnevogn. Det hadde vært en mann der en periode, i forbindelse med min fars arbeidsplass. En mørkhudet mann, som jeg hadde hatt et helt spesielt forhold til. Men en dag hadde vi møtt ham i en uopplyst gang. Han var så mørk, at bare tennene og det hvite i øynene hans var synlig. Det lille barnet ble skremt og gråt. Min mor ville ikke fortelle den fortvilte mannen, at det hadde vært fordi han var så mørk. Jeg begynte å fantasere om hvem denne mannen jeg hadde hatt så sterke opplevelser av, kunne ha vært, og hvor han senere hadde blitt av. Jeg så for meg at han kunne være en slags sydhavskonge, og at han aldri hadde glemt meg. Så hadde han kanskje fått en sønn, en arving, som en dag ville finne meg.

Så kom han som skulle hente noe. Utenfor stoppet en flott bil og ut steg en vakker, mørkhudet mann. Han passet perfekt inn i historien.

- Jeg har ventet på deg! utbrøt jeg.

Han lyste opp og presenterte seg. Jeg trodde knapt hva jeg hørte, da han sa at han het Prince. Vi fant tonen umiddelbart. Han spurte om jeg ville bli med ut og ta en kaffe. Vi dro til en restaurant. Vi hadde det så hyggelig og muntert. Det føltes som om vi hadde kjent hverandre bestandig og at vi betydde noe for hverandre. Det føltes helt fantastisk for meg å ha møtt en så nydelig mann, som jeg følte en sånn fortrolig nærhet til, uten at han på noen måte ble påtrengende eller forventet noe av meg. Da han dro tilbake til sin egen by, var det bare få dager igjen til jeg skulle forlate huset mitt, uten mål eller retning.

Jeg ville kjøpe meg en campingbil. Hensikten var å bringe meg ut av isolasjonen, så det ville ikke ha nyttet å flytte til en annen bolig. Jeg trengte noen helt nye erfaringer, for å sette noe i bevegelse. Visjonen min levde i meg, men jeg var ennå ikke klar for å gå inn i et sånt konsept. For å være helt sikker på å beholde fokus, ville jeg kjøpe en bil som verken hadde toalett eller dusj. Det ville bringe meg ut av mine komfortsoner.

Langsomt og gradvis gikk det opp for meg. En stor Chevrolet, som den jeg hadde vært så glad i, var ikke et alternativ lenger. Ubekymret tok jeg meg den tiden jeg trengte, i min søken etter et akseptabelt alternativ. Da det var en uke igjen til overlevering av huset, fant jeg det jeg så etter. Bilselgeren tilbød å kjøre bilen til meg fra nabobyen, så jeg kunne prøvekjøre den. Jeg kjørte ei runde i nabolaget, og tok min bestemmelse. Det var den dagen jeg fylte femti. En passende gave til meg selv. Det viste seg at det tok litt mer enn ei uke å få bilen klargjort for overlevering. Minimum to, fikk jeg beskjed om. Jeg hadde ingen annen bil på den tiden; jeg hadde opplevd det som mitt privilegium å leve uten bil for en stund.

Jeg leide inn folk til å vaske ut etter meg. Jeg ventet til renholderne var ferdige, og fikk sitte på med dem til togstasjonen. De få eiendelene jeg hadde beholdt, befant seg nå i et lite lagerrom. Jeg forlot det tomme huset med håndbagasje, for å innlosjere meg hos familie, mens jeg ventet på at campingbilen skulle bli leveringsklar.

En uke senere dro jeg for å starte tenningen på mitt nye uforutsigbare liv. Overleveringen skulle skje på kvelden etter stengetid. Det var på et fremmed sted, et øde industriområde, det var ikke et menneske å se, og det begynte å regne. Det var kaldt. Mobilen min var tom for strøm. Et snev av tvil kom over meg. Men det kunne ikke være rom for tvil i min tilværelse. Bare løsninger. Det viste seg at den ene døra på bilen var ulåst. Jeg kunne flytte inn. Jeg kunne sove der til neste morgen, om det skulle bli nødvendig. Det ble det ikke.

Fra den dagen, hadde jeg bokstavligt talt styringen på livet mitt, på en helt annen måte enn før. Fokusert og tilstedeværende måtte jeg velge på nytt for hvert eneste veikryss. Jeg hadde ingen mål, jeg kunne bare ikke bli stående for lenge på samme sted. Jeg var nødt til å vite hva jeg ville, i det minste nok til at jeg kom meg ut av kryssene. Jeg skulle egentlig ingen steder, jeg ville bare erfare meg selv utenfor komfortsonene. I hele mitt liv hadde jeg trives godt med å sitte i fred og pusle med noe kreativt, dag etter dag, i timevis, til dagene ble til et halvt liv. Det var ikke forenelig med visjonen min. Skulle jeg leve blant mennesker, måtte jeg være villig til, og interessert i, å bryte med min tendens til å ville isolere meg. Bare på den måten, kunne jeg leve ut min drøm om å være en del av et velfungerende lite fellesskap.

Inspirert av et minne om en munter opplevelse fra fortida, hadde jeg sett for meg at alt som skulle til, ville være å gå ut og be en annen campingturist om å få låne en boksåpner. Så enkelt ville kontakt kunne opprettes mellom mennesker. Bortsett fra at i tiden som hadde gått, var bokser blitt utstyrt med mekanismer som ikke trengte boksåpnere lenger. Dessuten parkerte jeg konsekvent på øde steder, hvor det absolutt ikke fantes mennesker med primuser og klappstoler.

Den luksuriøst campinginnreda bilen min, så

helt nøytral ut fra utsiden. Derfor kunne jeg parkere hvor som helst, uten at noen oppdaget at jeg levde bak de sotede vinduene. Jeg kunne stille meg opp midt på en parkeringsplass utenfor et kjøpesenter, sette meg godt til rette og se på en film på laptopen min. En gang duppet jeg av, og våknet akkurat idet en parkeringsvakt nærmet seg frontruta mi.

Langs rekkehusbebyggelse kunne jeg parkere helt diskret inntil en hekk for natten. Om morgenen startet søket etter en tilgjengelig dusj. I havneområder fantes det dusjanlegg for båtturister.

Så kom den dagen, da radioen meldte at en varmebølge var på vei. Resolutt startet jeg tenningen, og satte kursen nordover. Før jeg var kommet særlig langt, ble jeg liggende febersyk på baksiden av et helgestengt industribygg. En grevling passerte på utsiden av bilen. Det føltes fint. Jeg var der hvor jeg ville være.

I den perioden ble håret stygt, hvis jeg ikke vasket det hver dag, så daglig hårvask var et krav. Jeg oppdaget, at jo nærmere hovedstaden jeg kom, jo vanskeligere var det å finne dusjmuligheter. Campingplassene, som jeg vanligvis holdt meg langt unna, stilte dusjanleggene bare til rådighet for sine registrerte gjester. Jeg måtte se i retning av en annen løsning. Jeg parkerte utenfor en av de største campingplassene i byen, og spaserte inn på området og inn i toalettanlegget. Der fant jeg et avlukke med vask og speil. Jeg tok fram ei saks og klippet håret så kort, at jeg enkelt kunne vaske det under ei rennende kran. Jeg kom ut igjen kortklippet og tilfreds. Jeg følte meg som noe jeg hadde sett på film om å skifte identitet. Det føltes grensesprengende, og det moret meg at jeg opplevde dette helt alene, midt blant alle de intetanende menneskene på den livlige campingplassen.

I flere dager kjørte jeg nordover, uten at det hadde noen hast. Jeg hadde bekjentskaper jeg kunne stoppe hos, både i Troms og i Finnmark. Jeg oppdaget at jeg trivdes aller best mens jeg var underveis, alene i bilen. Jeg brydde meg ikke om å oppsøke severdigheter. Jeg ville bare nyte mitt eget selskap, min egen stillhet og indre fred.

Under midnattssolen kjørte jeg også om nettene. Jeg elsket å ha veien helt for meg selv. En gang, klokka fire om natta, klatret jeg høyt opp på et fjell hvor ravnene sirkulerte. Vel vitende om, at om noe tilstøtte meg, ville det gå lang tid før jeg eventuelt ville bli etterlyst.

Vissheten om at ingen ante hvor jeg var, og uten noen tilhørighet noe sted, fikk meg til å føle meg som en heliumballong i en tynn tråd med et usikkert festepunkt. Jeg hadde ingen adresse. Jeg hadde ingen steder å vende tilbake til. Jeg hadde isolert meg så mye, at ingen savnet meg noe sted. Den ene sønnen min hadde gitt meg beskjed om at hvis noen spurte, ville han kalle det en midtlivskrise. Ikke fordi han trodde det, men fordi det var enklest for ham på den måten. Den andre sønnen min var mer opptatt av om jeg skulle reise til utlandet, i tilfelle jeg ble dement og de måtte finne meg for å få meg inn på et hjem.

Bare det lille lagerlokalet mitt føltes som et slags

ankerpunkt, noe jeg kunne vende tilbake til. Etter en stund innså jeg også, at jeg stadig oppdaget ting ved bilen, som gjorde at jeg måtte tilbake til verkstedet. Jeg var tilstedeværende nok til å gjennomskue, at det var jeg selv som skapte disse situasjonene, av påfallende mange små uregelmessigheter som trengte ettersyn. Det var jeg som på magisk vis manifesterte alt sammen. Når bilen måtte til service, hadde jeg et påskudd for å overnatte hos den ene sønnen min, som bodde i området. Det var det nærmeste jeg kom noe som minnet om hjemme. Om tilhørighet. Men alle tingene og eiendelene føltes det godt å være befridd fra. Jeg trengte ingenting annet enn det jeg hadde tilgjengelig i bilen. I hvert fall så lenge det ennå var sommer. Jeg beveget meg gjennom ti tusen kilometer i løpet av tre måneder.

Høstmørke, fuktighet og kulde endret hele situasjonen. Om jeg skulle stå tilkoblet en stikkontakt, var hele hensikten borte. Det ble aldri noen situasjon jeg behøvde å forholde meg til. I det perfekte øyeblikket, ble leiligheten jeg oppholdt meg i, ledig under føttene mine. Sønnen min hadde bestemt seg for å flytte, og jeg hadde allerede stiftet bekjentskap med huseieren. Det ble en flytende overgang, og jeg solgte bilen like enkelt som jeg hadde solgt huset mitt.

Det viste seg at jeg hadde bosatt meg i den byen hvor Prince arbeidet. Jeg fikk et par glimt av ham. Alt var opp til meg. Jeg tok et valg om å aldri oppsøke ham mer. Jeg ville ikke lenger la ham være en del av mitt eventyr, på premisser han aldri ville kunne forstå. Det føltes sårt å gi slipp på en så intenst vakker del av eventyret, og la det gå helt i oppløsning. Kort tid etter ble stedet han arbeidet på nedlagt, og jeg visste at jeg aldri ville komme til å se ham igjen.

I tillegg til huseieren, hadde jeg blitt kjent med de andre leietagerne i huset. Han som bodde på den andre siden av den tynne veggen mellom leilighetene i andre etasje, var en naturlig gjest. På den måten kom jeg et ørlite steg nærmere det som var mitt oppdrag. Jeg stiftet nærkontakt med en omgangskrets, i akkurat så små doser som jeg var klar for å håndtere. Jeg trivdes i det huset. Jeg trivdes alltid der jeg bodde. Jeg hadde flyttet så mye, og jeg hadde for lengst innsett at min trivsel først og fremst hadde noe med meg å gjøre. Jeg trivdes med å utforske dette nye stedet, som inntil jeg bosatte meg der, hadde vært ukjent terreng. Jeg likte å bo i et område, hvor jeg hadde alt jeg trengte innenfor rekkevidde.

Ved et tilfelle stilte jeg spørsmål ved den situasjonen jeg hadde satt meg i. Jeg hadde ikke lenger et hus som var mitt, jeg hadde ikke bil, ingen jobb, ingen inntekt. Det enkle svaret forbauset meg. Jeg hadde fortsatt et flott sted å bo, bare uten alle utgiftene og uten ansvar for vedlikehold, og uten alle tingene som krevde stell og oppmerksomhet. Jeg hadde fortsatt klær og mat, og jeg bodde så sentralt at en bil var helt overflødig. Dessuten hadde jeg rimelig bilutleie i det samme kvartalet, som jeg flittig benyttet meg av. Jeg hadde i overflod av fritid og i tillegg hadde jeg penger jeg kunne bruke til hva jeg ville, og jeg kunne bryte opp og flytte akkurat når det passet meg. Jeg hadde frihet til å velge på alle områder.

Hva kunne overgå dette? Spørsmålet oppsto naturlig etter en stund. Jeg ville ikke synke for dypt inn i en ny komfortsone. Visjonen min definerte ikke hvor mange mennesker jeg ville omgi meg med i huset mitt, men jeg hadde ennå til gode den delen som handlet om fellesområder.

Eksponering

I lang tid hadde jeg følt en sterk trang til å sette tekst og bilder i system. Nå bodde jeg like ved et trykkeri. Jeg bestemte meg for å utforske muligheten for å lage et magasin. Mest for erfaringen. Jeg elsket å lage bilder, grafiske illustrasjoner og fargesammensetninger, og jeg likte å skrive. I kombinasjon med at jeg elsket å sortere, gjensto det meg å utforske de tekniske premissene for å kunne samle det hele til noe som kunne fungere på trykk.

Jeg satte i gang umiddelbart med det omfattende arbeidet. Endelig skulle jeg kanskje kunne få skape noe i et kreativt samarbeid. Men det fantes ingen å samarbeide med akkurat da, og jeg ville følge opp den sterke drivkraften til å komme i gang med oppgaven. Det ble til at jeg gjorde det meste helt på egenhånd, med et og annet innslag av tekst og bilder fra andre bidragsytere. Jeg arbeidet natt og dag med alle justeringene og detaljene som måtte til for å få det hele på plass, før jeg sendte det i trykken. Det samme skjedde hver eneste gang jeg hadde sendt det fra meg. Vissheten om at neste fase ville være åpen eksponering, utløste en psykisk opplevelse av et plutselig emosjonelt kaos. Jeg så det for meg som det øyeblikket hvor en bølge knuses mot en klippe med voldsom kraft og blir splintret i tusenvis av dråper, før alt finner sammen igjen i et samlet hav.

Så splittet var også opplevelsen av å beundre mitt ferdige produkt, med en veldig motstand mot at andre mennesker skulle tolke og bedømme det de så og leste. Dette hadde jeg gjort for meg. Men skulle jeg kunne fortsette, ville det være en naturlig konsekvens at noen faktisk også kjøpte produktet. En annen side av konflikten, var at jeg ikke ønsket å bli bundet til en videre produksjon, når jeg hadde tatt til meg de erfaringene jeg ønsket.

Det faktum at jeg elsket å være alene, utelukket også noen muligheter, som jeg hadde erfart i nattens drømmer så lenge jeg kunne huske. I drømmene var jeg aldri alene, jeg var omgitt av mennesker i en atmosfære av aksept. Det kunne være en underlig opplevelse å våkne opp fra noen av disse drømmene, og oppdage at jeg igjen var helt alene med meg selv. I en annen virkelighet. Av og til føltes det brutalt. Jeg visste ikke at grunnen til at jeg foretrakk å være i fred i min egen ensomhet, i stor grad var min sensitivitet overfor energiene omkring meg. Jeg forsto ikke hvordan de påvirket meg, eller hva som påvirket meg. Jeg visste ikke engang at det skjedde. Det var som en allergi, som ikke ga noen påviselige utslag. Det føltes bare som mer enn jeg kunne håndtere, som ubevisst resulterte i at jeg trakk meg tilbake og heller satt alene og puslet med små kreative distraksjoner. En beskyttelsesstrategi som blir til en vane, en del av personligheten. Mine nære omgivelser hadde aldri oppfattet meg som så folkesky som jeg følte meg. I samvær med mennesker var det en meget utadvendt del av personligheten som kom til uttrykk. Det introverte aspektet var det ingen som så, og jeg ble neppe savnet når jeg trakk meg tilbake, siden jeg sjelden deltok i sosiale sammenhenger.

Disse egenskapene ble kraftig utfordret, da det neste konseptet dukket opp for meg. Det skjedde umiddelbart etter at jeg hadde deltatt på et seminar, som handlet om at livet kan være enkelt. Det var en samling for mennesker, som allerede vet hvordan personlige begrensende holdninger og forventninger ubevisst kompliserer våre liv.

Det ble arrangert en stemmeøvelse for en mindre gruppe under dette seminaret. Vi satt i en bue, mens en og en måtte fram for å rope ut av sin fulle kraft. For voksne mennesker ligger det mange begrensninger knyttet til de ulike sidene av det å uttrykke seg. Jeg var nummer to i rekken. Da jeg sto der foran alle sammen, var det ikke mulig for meg å få det til. Det eneste som skjedde, var at hver gang jeg åpnet munnen, begynte jeg å le. Det skjedde helt ukontrollert, jeg var sjanseløs. Etter mange iherdige forsøk, klarte jeg så vidt å få ropt ut navnet mitt.

Da jeg satte meg igjen, lurte jeg på hva i all verden det var som foregikk. Jeg så ut over rekken av deltagere, og visste nøyaktig hvor lang tid jeg hadde på meg til å finne ut av det. Jeg trakk pusten dypt, og kjente på energien av den latteren som boblet i meg. Hvor kom den fra, og hva ville den si meg? Da gjenkjente jeg situasjonen fra barndommen. Når vi barna oppførte oss på en måte som min mor opplevde det som pinlig at hun ikke hadde kontroll over, pleide hun diskret å legge ansvaret over på oss.

- Nå ser de på deg. Nå ser mannen på deg!

Det var dette jeg gjenopplevde, mens jeg befant meg i sentrum for alles fokus. Min mors usikkerhet og skam, i frykt for de normene som gjaldt på den tiden. Hun hadde reddet fasaden, ved å henvise til uønsket oppmerksomhet. Jeg trakk pusten dypt igjen, og bestemte meg for å gå videre uten denne byrden. Jeg ville vise mamma at det ikke var noe å frykte lenger!

Så var det min tur igjen.

Jeg stilte meg opp foran de andre deltagerne, mens jeg holdt et øye med et punkt oppe i det ene hjørnet av lokalet, hvor jeg følte mammas tilstedeværelse i bakgrunnen. Inni meg sa jeg:

- Følg med nå, mamma, så skal du bare se!

Jeg åpnet munnen og ropte ut av min fulle kraft, så jeg hadde inntrykk av at de andre deltagerne nesten ble blåst av stolene.

Selv lederen av arrangementet var mildest talt forundret.

- Hva skjedde nå?

- Jeg tok et bevisst valg.

- Er det så enkelt…?

Jeg humret. Han visste godt at det er akkurat så enkelt det kan være. Likevel blir man like forbauset hver gang det manifesterer seg i praksis på en vanlig dag. Det oppleves som et lite mirakel. Ikke nødvendigvis fordi hendelsen er så spesiell, men fordi man vet at nye dører vil åpne seg, som en følge av den personlige justeringen.

Neste dag ble jeg, uten forvarsel, trukket opp på scenen under seminaret, som et eksempel på hvordan det kunne gjøres. Situasjonen forvirret meg på så mange slags vis, ikke minst fordi det i forbifarta ble nevnt at det også var fødselsdagen min. Men jeg kunne ikke flykte. Jeg kunne bare la det stå til. Der sto jeg foran en diger sal, proppfull av deltagere, og skrek ut av mine lungers fulle kraft, til nye dører åpnet seg for meg.

Fem dager etter dette seminaret, fant jeg det første boligkonseptet med store fellesarealer og mange leiligheter under samme tak. Jeg flyttet dit kort tid etter. Jeg hadde åpnet opp for noen nye muligheter i meg selv. Helt enkelt, ved et bevisst valg om å rydde bort en gammel motstand, som ikke engang var min.

Et helt nytt gründerprosjekt i sin tidlige oppstartfase, en bolig med store fellesarealer og mange leiligheter innenfor den samme bygningen. Et vakkert sted, helt for seg selv ute på et jorde, langt utenfor mine komfortsoner av hvor jeg hadde ønsket å bosette meg. Muligheten var uimotståelig.

For å komme til visning, hadde jeg tatt buss og tog og buss, og gått de siste kilometerne. Det var en stor avgjørelse å ta for meg, ikke minst fordi det kostet en formue å få leie den eneste leiligheten, som var til utleie i dette nyopprettede sameiet. Den var kun til leie for et halvt år.

Da jeg forlot stedet, visste jeg at avgjørelsen var tatt, selv om jeg ikke hadde gitt mitt endelige samtykke. Jeg følte meg som Robinson Crusoe, som forlater sitt ensomme domene, for å ende opp på ei øy full av kannibaler. Jeg ville komme til å ha alles oppmerksomhet rettet mot meg, og de var sultne. Beboerne ville vite hvem jeg var og hva jeg ville der med min uforståelige livsførsel, og utleierne ville ha pengene mine. Selv ville jeg erfare hvordan jeg håndterte situasjonen.

Allerede før innflytting merket jeg at kommunikasjonen ikke fungerte. Jeg var godt på vei med tingene mine i en bil jeg hadde leid, før jeg i det hele tatt fikk svar på om det ville være noen der til å møte meg og åpne for meg når jeg kom. Jeg hadde blitt stående med flyttelasset og utvaskingen alene, for de to som skulle hjelpe meg hadde heller dratt på fisketur. Som tidligere nevnt, var det ikke en av mine styrker å kreve noe av andre eller forvente noen hjelp.

Det var en sårbar situasjon å stå så alene med valgene av så uforutsigbare løsninger. Det var visjonen min som hele tiden var min drivkraft. Vissheten om hva som var mulig. Det var helt opp til meg. Det krevde av meg at jeg foretok noen grep for å holde energiene i gang. Det var min egen motstand jeg trengte å møte, for igjen å kunne bringe meg ut av mine egne avgrensede komfortsoner. Den motstanden jeg følte, var bare en side av saken. Noe helt annet var den motstanden jeg ikke var bevisst, som automatisk fikk meg til å se i en annen retning.

Ingen hadde brydd seg om å informere meg, om at leiligheten jeg skulle overta var under utbedring etter en lekkasje gjennom verandadøra. Døråpningen var dekket av plastikk. Ei diger vifte sto midt på gulvet, sammen med diverse annet verktøy. Det ga meg inntrykk av at håndverkerne ville kunne dukke opp igjen når som helst. Alt var så overveldende, at det falt meg ikke inn at jeg kunne ha kommet med innsigelser. Jeg hadde for vane å observere, uten å protestere. Da jeg la meg om kvelden, visste jeg ikke engang om jeg ville bli vekket av håndverkere, som kanskje ville låse seg inn om morgenen. Og jeg ante ikke at arbeidet skulle vedvare i ukevis.

Leiligheten var fantastisk, ny og luksuriøs, med brede gulvbord, panoramavinduer og gasspeis. Den var sparsomt innredet, og jeg gjorde minimalt for å sette mitt eget preg på den, siden jeg bare skulle bo der kortvarig. Den første dagen satt jeg i sofaen og tittet ut over de langstrakte jordene, gjennom panoramavinduer fra gulv til tak over to av veggene i stua. Da dalte en fallskjerm langsomt ned i synsfeltet mitt, og landet ute på jordet foran meg, mens en dyretransport full av kyr kjørte forbi på veien bortenfor. Jeg koste meg med den levende underholdningen av alt som var i bevegelse. Det var som en metafor på hva jeg hadde oppnådd. Det som lenge hadde hengt i lufta for min egen del, hadde også landet. Jeg befant meg også på dette jordet, fordi jeg hadde tatt steget og hoppet ut i det ukjente. Jeg hadde funnet et fantastisk sted som hadde flere elementer jeg gjenkjente fra visjonen min. Samtidig hadde det tatt meg bort fra den naturen jeg hadde vært vant til å omgi meg med. Her ble husdyr forflyttet i kjøretøyer. Det var ikke helt som i visjonen min, men der og da var jeg bare opptatt av å utforske de elementene, som ga meg en opplevelse av å være på vei mot noe jeg ville ha.

Ganske snart oppdaget jeg, at om jeg hørte stemmer i gangen idet jeg åpnet utgangsdøra mi, lukket jeg døra igjen og gikk ikke ut av leiligheten. Jeg måtte ta et valg om å forholde meg annerledes til situasjonen. Jeg bestemte meg for å trosse motstanden og gå dit jeg ville, uansett hvem jeg møtte. Jeg behøvde bare å si hei. Det var ikke så vanskelig. Det genererte noen ubehagelige reaksjoner i meg en stund, men det gikk over.

Jeg ble fort kjent med alle menneskene i det lille fellesskapet. Jeg observerte interaksjonene mellom dem. Jeg la merke til hvor ofte det var fraværet av kommunikasjon, informasjon om utbedringer, reklamasjoner og brutte løfter, som skapte misnøye og påvirket stemningen. For min egen del, var jeg opptatt av å ivareta en opplevelse av å kunne bevege meg fritt i fellesarealene, uten å måtte lire av meg en rekke innøvde høflighetsfraser hver gang jeg møtte eller forlot noen. Noen av de enslige damene samlet seg ofte i den flotte salongen. Flere av dem var godt voksne og av den gamle skolen. De tviholdt på sin strenge oppdragelse.

Det var også her jeg, som tidligere omtalt, skadet beinet mitt og ble sittende i leiligheten i flere uker. Dermed ble jeg nødt til å gjøre krav på noen av løftene jeg var blitt møtt med ved overtagelsen av leiligheten. Blant annet skulle det vært montert solskjerming. De store vinduene hadde ikke engang gardiner. Nå satt jeg der som i et drivhus, midt i solsteika, og kunne ikke annet. Jeg beveget meg ikke ut, for jeg ville ikke ha noe fokus på at jeg hadde skadet meg.

Hvis den midlertidige invalidiseringen hadde oppstått fra en inspirasjon til å la meg ta lærdom av han som satt i rullestol, sånn som jeg hadde sagt, hadde jeg kanskje tatt det litt vel bokstavelig. Men det fungerte! Det måtte til for at jeg kunne føle meg berettiget til å ta imot den hjelpen jeg trengte. Det ga meg erfaringen av hvor langt inne det satt for meg å be om en tjeneste, til tross for at jeg bare gjorde krav på det som var blitt avtalt. Det ble et verdifullt minne.

Senere var det en av de andre damene som skadet beinet. Hun gikk med krykker og hadde en mann til å bære for henne og kjøre henne i bil. Likevel klaget hun, og fikk en masse oppmerksomhet som jeg ikke ville ha.

Hvert eneste sted jeg bodde, hadde nye oppgaver for meg å løse. Jeg visste aldri hva jeg gikk til. Først i ettertid ble det tydelig for meg hva som hadde vært mitt spesifikke tema i den aktuelle perioden.

På hvert sted jeg bodde, utforsket jeg også noen helt nye kreative områder. På denne adressen ble dette noe jeg ikke bare opplevde alene. En av beboerne introduserte meg for glasskunst i sitt eget verksted. Jeg likte glassets transparente farger, og uforutsigbarheten som oppsto i den glovarme ovnen. Mer enn dette, likte jeg opplevelsen av å skape noe sammen, selv om vi arbeidet hver for oss med hver våre helt ulike prosjekter.

Jeg elsket det samarbeidet som oppsto i glassverkstedet. Det var akkurat dette jeg hadde ønsket meg, som en del av visjonen min. Opplevelsen av å samles omkring noe skapende, hvor hver og en hadde sine spesialiteter og sitt eget personlige uttrykk. Et intuitivt fellesskap.

Til å begynne med mottok jeg meldinger med avtale om tid og sted. Da minnet jeg ham om alle de gangene vi på underlig vis hadde møttes fra hver vår side av et hjørne, i tiden før vi inngikk noen avtale. Han var leken nok til å ville teste det ut, og det viste seg at vi sjelden behøvde å avtale noe som helst. Alt utspilte seg i en nydelig flyt. Av og til satt vi der sammen og arbeidet i taushet med hver våre prosjekter. Andre ganger skravlet vi og lo. Da vi var ferdige, ryddet vi automatisk alt på plass på de måtene som vi sammen hadde blitt enige om.

For hvert sted jeg flyttet til, var jeg innstilt på at jeg ikke ville ønske å trives så godt, at jeg ikke skulle komme meg videre. Jeg var oppmerksom på fristelsene til å stagnere i en komfortsone. I min visjon fantes et helt miljø av den typen jeg nå hadde opplevd et vidunderlig eksempel på. Derfor måtte jeg videre. Jeg trivdes så godt, at det var ikke noe mer for meg der å hente. Glasskunst var ikke min lidenskap. Det var hans. Min lidenskap var for øyeblikket visjonen om et sted med mange fellesrom for nettopp mennesker som ham. Mennesker som var villige til å skape noe kreativt, i en flyt av intuitive energier.

Det var ikke idealisme. Ideen hadde ikke oppstått fra noe jeg hadde tenkt, fra et utgangspunkt av fornuftige idealer. Visjonen var svaret på mitt personlige spørsmål om hva jeg ville ha, om jeg kunne velge på øverste hylle. Den kom til meg intuitivt, basert på min innerste lidenskapelige visshet om hva som føltes fint for meg. Jeg hadde det godt og fredfylt, når jeg var helt alene og i kontakt med meg selv. Min trivsel ble oppmuntret av uforutsigbare opplevelser, vakre farger og kreative omgivelser.

Derfor måtte jeg videre. Jeg måtte løsrive meg. Igjen oppsto det naturlige spørsmålet. Hva kan overgå dette? Det fantes bare en grunn til å flytte, og det var at det neste stedet ville bringe meg enda nærmere manifestasjonen av min visjon. Jeg hadde fått forlenget leiekontrakten, så jeg var ikke begrenset av et tidsaspekt lenger. Jeg var fri til å velge. Så jeg sa opp leieavtalen.

Da oppsigelsen utløp, hadde jeg et enda mer uforutsigbart utgangspunkt, enn da jeg ville kjøpe campingbil. Jeg hadde ingenting. Men ingenting finnes ikke. Det er en illusjon. Jeg hadde en bekjent som bodde i Spania, som utallige ganger hadde invitert meg til å komme og bo hos henne. Hun hadde nok av rom. Jeg hadde vært der på besøk. Jeg hadde bare aldri synes at jeg hadde noe i Spania å gjøre. Jeg ville være i Norge. Jeg fikk plassert tingene mine i en bod i kjelleren. Jeg dro til Spania med enveisbillett og håndbagasje. På ubestemt tid. Jeg hadde ingen planer for resten av livet.

Håndbagasje

En gang i tiden elsket jeg å reise til nye steder, oppleve nye land og kulturer. En dag innså jeg at reisefølget var det viktigste for meg på disse turene. Det var kommunikasjonen og stemningen som avgjorde utfallet av opplevelsen. Jeg innså samtidig, at i godt selskap behøver jeg ikke å dra noe sted. Da har jeg det fint akkurat der jeg er. Da kan jeg like gjerne sitte på trappa. Det bragte meg litt nærmere mine kjerneverdier, de indre skattene i meg selv, som er mer verdt enn noen annen form for rikdom.

Den lange sykemeldingsperioden hadde bragt meg så nær meg selv, at jeg fikk rikelig med tid til å sette meg i kontakt med disse verdiene. Det var da jeg oppdaget at alt jeg virkelig ønsker meg, finnes tilgjengelig i meg. Alt jeg opplever, utstråler fra mine egne holdninger og min egen bevissthet. Det var dit jeg mer enn noe annet sted ville reise. Utforske. Hente fram. Være. Alt fantes der allerede. Der, innerst i kjernen av min egen bevissthet forestilte jeg meg mitt eget land, som jeg kalte Dukana. Dit kunne jeg når som helst dra, for å hente ut alt jeg trengte å vite.

I min visjon så jeg en mulighet for å kunne manifestere noe av det beste fra Dukana, inn i min fysiske virkelighet som menneske på jorda. For å kunne oppnå det, behøvde jeg bare å være villig til å møte mine egne menneskelige begrensninger. Jeg opplevde mitt personlige engasjement som å leve i et eventyr. Men i mitt eventyr skulle ikke dragene eller trollene bekjempes med makt og list. De var bare metaforer på mine egne muligheter og min egen motstand, som jeg måtte være villig til å møte og se i øynene, i fryktløs aksept.

Motstanden ønsket jeg å imøtekomme ved å stille meg åpen på måter jeg vanligvis ikke ville ha valgt. Det satte noe i bevegelse og hentet fram nye perspektiver av min egen forståelse av meg selv. I de brutte mønstrene lå mulighetene for ny klarhet. Siden jeg ikke hadde lyst til å bo noe annet sted enn i Norge, var det beste jeg kunne gjøre å ta et opphold i Spania. Det kunne gjøre det enda tydeligere for meg hva jeg ville velge. Det innebar at jeg kunne ende opp med å bli der. Jeg hadde ingen anelse om hvor lenge dette oppholdet ville vare eller hva det ville føre til.

Dermed havnet jeg i Spania. Helt i begynnelsen av oppholdet, fikk jeg være med å overvære generalprøven for et kor som skulle ha framførelse. Jeg satt lenge i den store mørke salen og betraktet det hele, til jeg følte for å reise meg og forlate salen. Jeg nølte, for jeg ville ikke vekke oppsikt eller tiltrekke meg oppmerksomhet. Da gikk det opp for meg, at samtlige medlemmer av det lille koret naturligvis hadde vært oppmerksomme på min tilstedeværelse hele tiden. Jeg kjente et snev av angst. Jeg kom meg ut av salen og inn på et toalett. Da fikk jeg et glimt av meg selv i speilet, som beroliget meg og fikk meg til å lure på hva jeg egentlig forestilte meg at andre så. Det var som om jeg kom tilbake til meg

meg og ingen andre? Mens jeg satt der i sofaen og reflekterte over dette, kom jeg borti en knapp på telefonen min, som åpnet "Siri", en søkefunksjon jeg aldri hadde benyttet.

- Hva kan jeg hjelpe deg med?

Spørsmålet kom på engelsk. Jeg holdt telefonen opp foran munnen min og sa bestemt:

- Vis meg huset mitt!

Telefonen begynte å spille heftig musikk, som fikk meg opp av sofaen og ut på gulvet. Jeg danset meg gjennom hele låten. Da den var over, gikk jeg til laptopen jeg hadde fått tillatelse til å benytte meg av. Jeg gikk rett inn og søkte på bolig i det området jeg hadde flyttet fra. Det første som kom opp, var et nyopprettet bofellesskap, i en annen del av den byen jeg hadde stiftet bekjentskap med etter oppholdet i campingbilen. Jeg kontaktet huseieren med det samme. Jeg følte meg litt usikker på om jeg ville være ønsket i et bokollektiv, som i utgangspunktet var ment for studenter. I neste øyeblikk hadde jeg bestilt flybillett. Jeg landet på en søndag, kun utstyrt med håndbagasje. Huseieren hadde velvillig skaffet meg ei oppredd seng i det tomme rommet jeg flyttet inn i. Da jeg våknet på det primitive rommet neste morgen, følte jeg meg som hjemme. Jeg startet uka med å gå ut og kjøpe meg et håndkle, så jeg kunne få tatt meg en dusj.

Personlige innstillinger

I dette huset ble det virkelig tett. Ulike individer flyttet stadig inn og ut. I seks små boenheter med tynne vegger imellom, levde til sammen seksten høyst ulike individer i løpet av den perioden jeg bodde der. Mennesker fra ulike kanter og i varierende alder fra sytten til sekstifem. Noen av disse hadde besøk av venner, kjærester og familie, og av og til kom det håndverkere.

Det var et nydelig hus, omkranset av en hage med blomsterbed, frodige bærbusker og noen gamle frukttrær. Et stort, hyggelig kjøkken lå i hjertet av alt som foregikk på innsiden. Det var der vi møttes, laget våre individuelle måltider, ble enige om rutiner, og uenige om avfallssortering. Ulike personligheter, som i større eller mindre grad forsøkte å tilpasse seg, eller ikke i det hele tatt.

I dette huset fikk jeg erfare, at overfor noen er det bare klar tale som gjelder. For å kunne la alt bare komme til meg, måtte jeg være tydelig nok overfor meg selv om hva jeg var villig til å tillate. Noen ganger kunne det være gjennom å uttrykke meg til andre, at jeg ble klar over hva jeg virkelig ga uttrykk for på et dypere plan. Noen av de menneskene jeg synes jeg hadde tatt hardest i til, var de som hadde bidratt sterkest til at jeg hadde forstått noe om meg selv. Når det kommer til stykket, handler det alltid om den som sender noe ut. Hva mottageren oppfatter, har noe med mottageren å gjøre.

I den andre enden av skalaen, fikk jeg enda en opplevelse av hvor fint et kreativt samspill kan fungere, når det får skje i en intuitiv flyt. Disse deilige opplevelsene ble som verdifulle skatter jeg tok med meg videre. De var mine bekreftelser på hva det kunne være mulig å oppnå, også i en større sammenheng. Men det var alle de episodene som trigget noe i meg, som var av størst betydning. De førte meg til innsikter av ny klarhet, som åpnet veien for meg til det jeg ønsket meg mest, når jeg visste at alt var mulig. Alle de tunge byrdene jeg la fra meg, når jeg avdekket holdninger som hadde holdt meg tilbake, ble mine brosteiner langs den veien jeg hadde gått. Personlige brosteiner, som formet en vei som bare jeg kunne vite noe om. Ingen kunne følge mine spor. De hadde ingenting med adresser å gjøre, eller vakre hus med hager jeg nedla mye arbeid i. Historien om den veien kunne beskrives på utallige måter. Det var helt opp til meg å velge min versjon. Den versjonen som handlet om veien, glemte ofte å beskrive alt det vakre jeg omga meg med på et ytre plan. Alle de tingene som hele tiden la noe til min trivsel. Til daglig var det alt det vakre jeg så og opplevde, som forsterket det som var kjent og trygt. Denne historien handler om hvordan jeg beveget meg ut av mine komfortsoner, av det som hadde fått meg til å isolere meg og holde meg mest for meg selv. Det var en forutsetning for å kunne oppfylle visjonen min.

Mennesker påvirker hverandre, langt utover ord

og handlinger. For å kunne leve så tett innpå andre mennesker, var det nødvendig at jeg forsto min sensitivitet, og klarte å skille ut hva som ikke var mitt. Jeg visste at mye av det jeg følte og tok innover meg, egentlig ikke hadde noe med meg å gjøre. Når det var som mest ubehagelig, fikk det meg til å huske hvordan mange mennesker hadde det hele tiden. Jeg visste at for meg var det forbigående, uansett hvor virkelig det kjentes mens jeg befant meg i det.

I denne perioden var det spesielt en gang, hvor hele det emosjonelle forløpet forandret seg og utviklet seg i løpet av en kveld. Det startet som et ubehag i kroppen, som kjentes som en slags forgiftning. Et øyeblikk følte jeg meg ensom og alene med et ansvar som var bare mitt. Jeg ble så lei meg. Jeg lengtet etter trøst. Jeg relaterte det først til noe av det som var aktuelt for meg akkurat da. Jeg følte tristhet, en dyp sorg, som gradvis utviklet seg til en total fortvilelse og maktesløshet. De intense emosjonene levde sitt eget liv, helt uavhengig av hva jeg holdt på med, der jeg satt foran dataskjermen. Det kjentes omtrent som om noen som sto meg nær skulle ha dødd. Eller kanskje omtrent sånn som han kunne ha følt det, som hadde tatt livet av seg i den boligen jeg hadde besøkt tidligere på dagen.

Det var blitt langt over midnatt, så jeg gjorde meg klar til å legge meg. Men jeg følte motstand mot å ta med meg de kaotiske følelsene inn i søvnen. Isteden satte jeg meg i senga og så på en episode av en serie. Mens jeg satt der, kjente jeg plutselig at alt sammen var over. Galskapen som hadde romstert i meg, hadde stilnet fullstendig.

Om formiddagen denne solfylte dagen, hadde jeg fått være med for å se på et bygg som var til salgs. Det viste seg at den forrige eieren hadde tatt livet av seg der. I bilen på veien tilbake snakket vi mye om selvmord og alt hva det kunne innebære.

Jeg fikk en følelse av at denne mannen, denne personen, hadde oppfattet min sensitivitet og min aksept, og ønsket å formidle til noen hvordan han hadde hatt det. Det var så intenst og så sterkt, det hadde invadert meg fullstendig. Idet jeg gjenkjente at det jeg tok inn kunne være hans emosjonelle opplevelser, var det hele brått over. Absurd og ganske fascinerende.

Dette gjorde meg bevisst på hvordan jeg kunne ta andres emosjoner innover meg, når jeg omga meg med mennesker i ubalanse. Jeg måtte bare huske at det jeg følte ikke nødvendigvis var mitt. Jo mer kaos som oppsto omkring meg, jo roligere og mer sentrert og trygg følte jeg meg. Men når jeg var alene og ikke kunne se det, glemte jeg ofte at det kunne være mulig. Det skjedde også at mennesker omkring meg følte seg usikre og ukomfortable, og heller ville legge det over på meg, fordi de ikke ville anerkjenne følelsene sine. Det som ikke var mitt, kom ikke nødvendigvis alltid fra andre mennesker. Det kunne også tilhøre aspekter fra tidligere opplevelser, som ikke hadde noen gyldighet lenger. Kanskje ikke engang fra dette livet.

Jeg hadde kommet til et punkt av å leve tett på mennesker i et bofellesskap, uten noe annet til felles enn adressen. En periode leide jeg også naborommet og lot det stå ubenyttet, for å slippe å ha noen for tett innpå meg. Rett utenfor rommet mitt lå et oppholdsrom, som ingen benyttet. Det var et koselig rom, som jeg hadde hatt veldig lyst til å innrede. Jeg innså omsider at det som hadde holdt meg tilbake, var en frykt for at hvis jeg gjorde rommet for attraktivt, ville jeg få trafikk for tett innpå døra mi. Det var så godt å kunne sitte der helt i fred. Så oppsto noen situasjoner, hvor jeg ble konfrontert med akkurat det som skulle til, for at jeg fikk kjenne på hva dette betydde for meg. Det krevde en innsats av rå oppriktighet fra min side, som gjorde hele forskjellen. Jeg kjøpte nye møbler og innredet den lille stua til en trivelig liten oase. Det markerte på sitt vis at noe var komplett på dette stedet. Jeg hadde utvisket enda noen terskler for mine begrensende komfortsoner.

Under oppholdet på denne adressen var det at jeg fikk forespørselen om å passe sauene og gården, hvor jeg endte opp med å knuse det høyre håndleddet. Jeg dro dit med en holdning som var preget av tvil, når det gjaldt mine egne motivasjoner for å gjøre dette. Jeg kunne ikke riktig avgjøre om tvilen var et utslag av advarsler fra min intuisjon, eller bare et uttrykk for motstand og fremmedfrykt. Sannsynligvis var det, som det meste annet, en kombinasjon av en rekke faktorer. Jeg endte opp med at det først og fremst var et valg. En del av meg kunne ikke motstå denne muligheten til å oppleve noe helt annet, selv om det ville komme til å trigge meg på en rekke punkter. Jeg hadde dessuten vært dyrepasser ved en tidligere anledning, og det hadde ikke gått så bra. Anledningen var at gårdeierne endelig skulle få seg en frihelg på hotell. Det var veldig mange ulike dyr, og mye å passe på. Generelt ville jeg helst ha minst mulig å gjøre med dyr i fangenskap. Det representerte for meg gjensidig ufrihet og begrensninger. Før vertskapet dro, fikk jeg vite at ei høne var i ferd med å dø. Jeg ønsket virkelig ikke å måtte håndtere ei døende høne. Til min store lettelse var det overstått før de kom seg av gårde. Men da de hadde dratt, og jeg hadde vært min første ansvarlige runde på egenhånd, oppdaget jeg at det satt ei høne på taket av hønsehuset ute i vinternatten. Jeg kunne ikke fatte hvordan den kunne ha kommet seg ut. Jeg hadde vært så omhyggelig med å lukke dørene etter meg. Ingen hadde fortalt meg at den hadde sittet der allerede, eller hvordan den klarte seg fra dag til dag. Jeg visste bare at reven aldri var langt unna. Jeg følte meg absolutt ukomfortabel med ansvaret jeg hadde påtatt meg.

Neste morgen tilspisset det seg, da jeg fant den ene av de to geitene hengende oppetter veggen. Den hadde klart å hekte det ene hornet inn mellom spilene på metallkurven, hvor høyet var plassert. Heldigvis hadde den knekt nakken med det samme. Jeg slapp å oppleve at den fortsatt levde, for jeg hadde ingen mulighet til å få det tunge dyret ned. Den eneste geita som var igjen, var mor til den forulykkede. Det var helt uaktuelt å ringe til de som endelig var ute på tur, og vekke dem på hotellrommet for å fortelle dem at geita var død. Da helgen var over, og de kom tilbake, startet lammingen dramatisk med at det første lammet var dødfødt og måtte trekkes ut av sauen med makt.

Mine opplevelser av dyr som ikke levde et selvstendig liv og kunne ta vare på seg selv, viste med all tydelighet at dette ikke var noen inspirasjonskilde for meg.

Med dette utgangspunktet, skulle jeg ha ansvaret for en saueflokk og noen andre dyr i en hel måned.

Denne gangen gikk det helt fint med dyrene. Et brukket håndledd ble for min del det mest dyptgripende utfallet av min velvillige innsats, men langt fra det mest dramatiske. Mine opplevelser av dramatikk var ene og alene forbundet med alvoret i eneansvaret for dyrenes liv og velferd. Den dypt personlige opplevelsen av alt som ble virvlet opp i forbindelse med skaden jeg påførte meg selv, kommuniserte fra første øyeblikk til meg fra mitt innerste vesen. Folk som ga uttrykk for medfølelse og at de syntes synd på meg, irriterte meg. De lyttet ikke. De så ikke meg, bare sine egne projeksjoner. De forsto ikke hvilken vidunderlig gave dette representerte. Jeg forsto det heller ikke fullt ut, jeg bare følte det. Som en ubetinget fryd. Emosjonell glede er betinget. Den utløses av tanker og forventninger. Men den innerste fryden fra dypet av min væren, kan bare føles når alle betingelser blir satt til side og ryddet av veien. Den er ikke en emosjon, den er en naturlig tilstand. Den forstyrres av alt det som mennesker er opptatt av fra sinnets vurderinger. Alt det som blir sortert som enten rett eller galt. Mitt håndleddsbrudd var like rett som det var galt, det ga langt mer enn det krevde av meg, på måter jeg hadde absolutt ingen kontroll over. Selv metallplata og de ti skruene tok jeg eierskap i, og ønsket det velkommen til å integreres i kroppen min.

Jeg kunne ennå ikke se for meg hvordan jeg skulle kunne bringe mennesker inn i konseptet av den manifesterte visjonen min. De ytre rammene kunne jeg enkelt definere, og jeg hadde allerede erfart ulike versjoner av boenheter, som ville ha kunnet fungert etter formålet. I praksis var situasjonen, at de fleste beboerne trakk inn bak sine egne lukkede dører. Fellesrommene ble sjelden benyttet. Beboerne jeg hittil hadde møtt, mente stort sett at et tv ville ha gjort en forskjell. Først da ville folk ønske å møtes. De trakk dit, hvor det fantes underholdning på en skjerm, eller alkohol, servering og arrangert underholdning. I min visjon ville mennesker spontant dukke opp, for å gi seg selv en personlig opplevelse av et tema de ville erfare for sin egen del. Ingen betingelser, ingen agenda, ingen opplegg, kurer og behandlinger. Bare vissheten om at alt vil utspille seg naturlig og av seg selv, på akkurat den måten man er klar for å møte. Et miljø av kreativ inspirasjon, hvor egenskaper, ressurser og initiativer ville kunne utfolde seg og legge noe til opplevelsen for alle involverte parter.

Da jeg kjente at jeg var klar for å ta erfaringen til sitt neste nivå, vurderte jeg et øyeblikk å ta inn på et hotell for en stund. Jeg hadde sett for meg at det stedet jeg så etter, kunne ligne på et hotell, men uten å bli drevet som et hotell. Derfor tenkte jeg at å ta inn på et hotell for en stund, ville kunne gi meg en opplevelse av menneskers bevegelsesmønster i et sånt konsept. Å flytte til et nytt bokollektiv var ikke et alternativ. Det neste stedet jeg flyttet til, måtte ha noe helt unikt å by på, langt utover hva jeg allerede hadde erfart. Igjen kom spørsmålet opp. Hva kan overgå dette?

I mye av det jeg har holdt på med, har jeg hatt en holdning om at jeg helst bare ville løse oppgaver, som var vanskelige eller tilsynelatende umulig. Hvis det var enkelt, kunne noen andre gjøre det. Det ga meg muligheten til å utforske hvordan jeg alltid kan gå utover grensene for hva som forventes å være gjennomførbart. Med mine innstillinger og holdninger, ble det vanskelige enkelt for meg. Det ble som en lek. Oppgavene ble uimotståelige, og det vekket en lidenskap i meg.

En dag visste jeg i hele meg, at det ikke er mulig lenger, at ting ikke ordner seg for meg. Jeg hadde valgt den aller vanskeligste oppgaven av alle. Jeg valgte å la alt være enkelt. Jeg valgte å tillate meg og gjøre akkurat hva jeg vil, ubekymret og fri. Av og til måtte det komme til et punkt av en ubehagelig opplevelse, før jeg gjenkjente hva det var som hadde utspilt seg. Den fysiske virkeligheten kan være så ensidig overbevisende, når destruktive hendelser på utsiden møter ubalanserte holdninger fra innsiden. Snikende og umerkelig tåkelegges den klarheten, som holder veien åpen og retningen fri.

Og så, når man minst venter det, kommer løsningen fra uventet hold.

Fra uventet hold

Noen underlige energier romsterte i kroppen min. En indre uro kalte på min oppmerksomhet, på en måte jeg ikke kunne forklare. Jeg oppfattet signaler om at jeg trengte å snakke med noen, og at det måtte være noen jeg vanligvis ikke snakket med. Jeg bestemte meg for å kontakte en av mine perifere bekjentskaper, som jeg bare kjente gjennom felles interesser. Jeg sendte en melding med forespørsel om vi skulle møtes over en pizza en dag. Ikke bare fikk jeg positivt svar, vi gjorde en avtale om å møtes på en pizzarestaurant allerede neste dag. Jeg kjente henne ikke engang igjen, da jeg ankom det tomme lokalet. Til å begynne med gikk samtalen forsiktig, mens vi bestilte en liten pizza på deling. Så kom den muntre servitøren med en stor pizza til oss, for det var det han hadde hatt for hånden. Det fikk samtalen på gli. Hun var også en bevisst skaper, innforstått med mekanismene bak hva vi tiltrekker oss, og hva som kan skje når disse energiene kommer sammen. Vi ble sittende å prate i timevis, mens lokalet langsomt fyltes opp av spisegjester som kom og gikk. Betjeningen begynte å more seg over at vi trivdes så godt. Vi kom i snakk om noen turer vi hadde hatt til et lite fjellhotell. De hadde vært et utslag av at jeg hadde stilt meg selv spørsmålet for en del år tilbake, om hva jeg helst ville, om alt var opp til meg selv. Spørsmålet oppsto som en følge av at det ble arrangert en rekke ulike turer og utflukter, men jeg hadde ikke lyst til å bli med på noen av dem. Da husket jeg på noen hyggelige turer jeg tidligere hadde opplevd sammen med en gruppe med et felles fokus. Jeg hadde lyst til å gjenskape de samme forutsetningene, som hadde gjort disse uformelle turene så uforglemmelige. De hadde ingen annen agenda, enn at folk med et visst sammenfallende utgangspunkt skulle få en mulighet til å møtes, bare for å kunne slappe av sammen i litt andre omgivelser. Jeg husket det som en totalt uforpliktende atmosfære. Derfor arrangerte jeg en tur til dette samme stedet, hvor jeg hadde likt meg så godt. Jeg gjorde en enkel avtale med en interessert deltager, som ville resultere i at jeg dro på tur med minst én person, uansett respons. For min del ville resultatet bli fint, uansett hvordan det ble. Tiltaket ble godt mottatt og resulterte i mange deltagere og mange flere hyggelige turer i årene som fulgte.

Vi ville reise på tur igjen. Men for henne passet det bare neste helg, og vi var allerede kommet til torsdag. Jeg ville undersøke mulighetene neste dag, og hun ville finne ut om det var noen flere som ville bli med. Vi hadde hatt en trivelig dag, som en følge av en spontan innskytelse.

Neste dag kontaktet jeg den lille fjellstua. De hadde ikke ledige rom den aktuelle helgen. De henviste meg til nabohotellet, hvor jeg også hadde blitt omplassert ved en tidligere anledning og derfor kjente til stedet fra før. Jeg ringte dit, og ble ønsket velkommen. Men jeg kjente at noe var forandret. Den entusiastiske gløden jeg hadde kjent mens vi snakket om det, var ikke der lenger. Jeg kontaktet henne i en chatmelding for å fortelle om hva jeg hadde funnet ut. Hun merket også en endring, og ba om å få kjenne litt på det i noen minutter. Imens åpnet jeg Facebook. Det første jeg så var en annonse med et kjent ansikt. Det var gründeren av det konseptet jeg hadde leid meg inn i for en periode. Hva i all verden hadde han funnet på nå, tenkte jeg, mens jeg leste overskriften om et hotell som ble solgt rom for rom. Jeg åpnet annonsen og så at hotellrommene ble solgt så billig, at jeg akkurat ville kunne klare det med de få pengene jeg hadde igjen etter salget av huset mitt. Jeg gikk fullstendig bananas, jeg hoppet opp og ned i det lille rommet mitt. Det føltes som om jeg lå mer oppunder taket enn jeg hadde føttene i kontakt med gulvet.

Jeg sendte en ny melding. Men jeg kunne ikke vente, da hun ikke svarte med det samme. Jeg grep telefonen og ringte henne. Jeg klarte nesten ikke å snakke sammenhengende. Dagen før hadde jeg sittet og fortalt henne om et konsept, som gjerne kunne ligne på et hotell, men som ikke ble drevet som et hotell. Store fellesarealer og mange rom for mennesker som kommer og går. Det skulle være en visning allerede om to dager.

Neste dag kom jeg på at det var lørdag, og at jeg måtte skaffe meg en leiebil før de stengte for helgen. Jeg hadde ikke engang tenkt på det, for jeg følte meg så sikker i min skapelse. Når dette dukket opp for meg på denne måten, ville alt annet legge seg perfekt og velregissert til rette for meg. Det ville være lang vei å kjøre, flere timer hver vei. Offentlig transport var helt uaktuelt for å reise så langt på en visning. Men jeg fikk ikke svar hos bilutleien, og det kjentes som om intuisjonen min ville ha meg til å se i en annen retning når det gjaldt transport. Jeg var helt uinteressert i å ha med meg noen, som ville engasjere seg og mene noe om saken på mine vegne. Denne avgjørelsen måtte jeg ta upåvirket. En høyst uventet løsning åpnet seg for meg. Mot alle odds ble jeg kjørt hele veien, både fram og tilbake.

Jeg hadde bare en time på meg til å studere de rommene som var aktuelle i min prisklasse. Det var en stor avgjørelse å ta. Jeg skulle investere nesten alle pengene jeg hadde igjen, for å flytte til et ukjent sted langt oppe i fjellet, uten bil og uten inntekt. Det føltes som den perfekte galskap. I bilen på veien opp hadde jeg kjent litt på en mulighet for at jeg nå gikk rett i ei felle, som et lett bytte for dyktige selgere.

Jeg visste hva jeg gikk til. Jeg kjente disse forretningsfolkene fra før. Jeg visste at de var dyktige selgere, som utnyttet alle virkemidler for å nå sine mål. Begrepet forretningsfolk hadde hatt en negativ klang, mens jeg vokste opp. Det hadde vært forbundet med snusk og lureri fra pengestyrte mennesker, som misbrukte sin posisjon og hevet seg over sine omgivelser. Også over sine nærmeste, med manipulasjon og skjulte agendaer. Disse aktuelle forretningsfolkene hadde jeg allerede en viss kjennskap til. Jeg visste at de var der for å tjene sine egne interesser, ikke mine. Jeg visste at jeg måtte ta et standpunkt før jeg kom fram, for å unngå å bli sittende igjen med en opplevelse av at jeg skulle ha visst bedre. Jeg bevisstgjorde for meg selv, at jeg var klar over hva jeg innlot meg på. Derfor kunne jeg ikke bli sviktet av mine egne forventninger. Den innstillingen skulle vise seg å komme meg til gode. Fra baksetet i bilen tenkte jeg at de ville kunne snakke meg trill rundt og overtale meg til hva som helst. Hvis jeg bekymret meg for dette, ville jeg lett kunne føle meg lurt. Det var helt og holdent opp til meg selv. Om jeg inngikk en avtale med den innstillingen, ville jeg manifestere beviser på akkurat det. Det var avgjørende hvilken holdning jeg gikk inn i dette konseptet med. Jeg visste at jeg måtte ta eierskap i mitt eget ståsted, før jeg nådde fram og inngikk en avtale.

Jeg behøvde kun å ha tillit til meg selv. Jeg husket at så lenge jeg fulgte mine egne impulser, ville alt legge seg til rette i min favør. Der og da tok jeg en avgjørelse om å la dette være min veiviser.

Jeg drøyde et øyeblikk, før jeg underskrev kontrakten. Jeg ville kjenne i hele meg at dette virkelig var noe jeg valgte, og ikke bare noe jeg ble trukket inn i. Dette konseptet genererte flere spørsmål enn noen kunne komme på å stille, og veldig få svar. Det fantes ingen oppskrift på hvordan et konsept som dette kunne drives. Det var ikke engang noen garanti for at det ville bli noe av. Det var avhengig av at tilstrekkelig mange ville kjøpe seg inn. Ingen kunne heller forutsi hvor lang tid det eventuelt ville ta. Jeg gikk ei ekstra runde opp i salongene, som jeg ennå ikke hadde hatt tid til å ta en titt på. Da jeg rundet et hjørne, og ingen kunne se meg, trakk musklene i kroppen min seg sammen i ekstatisk triumf. Det var ikke rom for tvil i denne saken. Jeg hadde visst det fra det øyeblikket jeg så annonsen.

Salget gikk unna i rekordfart. Noen få måneder senere flyttet jeg inn i det lille rommet mitt i den enorme bygningen. Drømmen min hadde kommet til et nivå av oppfyllelse.

Visjonen hadde vist meg en bygning og noen forutsetninger. Enda en gang hadde visjonen handlet om en bolig, og om å bryte ut av noen komfortsoner av tilhørighet. I drømmetolkninger symboliserer hus den man er og hvilken kontakt man har med seg selv. Å flytte så mye, var en del av mine *nærmere-meg-selv-opplevelser*.

Rulleteksten

Før jeg forlot huset mitt, for en tilværelse uten noen fast adresse for en periode, hadde jeg bedrevet noe jeg kalte *over-dørstokken-trening*. Jeg var så fastlåst i min trang til å holde meg for meg selv, sitte helt i fred i min egen sfære, at jeg måtte ta bevisste valg om å løsrive meg. Det var opp til meg om jeg ville fortsette å begrense mine muligheter, i en verden hvor alt er mulig, langt utover hva man kan forestille seg. Det jeg hadde forestilt meg, hadde virket så stort og likevel hadde jeg oppnådd noe som var så ufattelig mye større. Da visjonen manifesterte seg for meg, så jeg for meg at mitt eventyr hadde kommet til sin ende. Det var som å ha kommet til den delen av historien, hvor alle skal leve lykkelige alle sine dager, og så kommer rulleteksten. Og så sitter man der. Det er slutt. Lyset tennes. Man rives ut av opplevelsen. Virkeligheten kaller. Jeg kunne manifestere en bygning, men jeg så ikke på noen måte for meg hvordan jeg ville kunne skape et miljø av bevisst fokuserte individer, med kreative innfallsvinkler til livet. Den typen mennesker lar seg ikke så lett samle eller forene. Et sånt ønske, eller lengsel, oppstår fra mental idealisme, fra et menneskelig begrenset sinn. Det var ikke den delen av meg, som hadde bragt meg hit.

En visjon av denne typen, kan også bli til en komfortsone. Den er som en ledestjerne som opprettholder en viss framdrift, med forsikringer om at det finnes noe der framme. En inspirasjon til å fortsette å vandre. På sitt finurlige vis, var den en forlengelse av den trygge komfortsonen av tilhørighet. Jeg følte meg så overbevist om, at også denne manifestasjonen bare var en rasteplass langs veien mot en enda bedre versjon. Og så oppsto dette forstyrrende bildet av rulleteksten.

På fem år hadde jeg hatt fem faste adresser. I tillegg hadde jeg hatt et opphold i campingbil, et opphold i Spania, et opphold som sauepasser på et småbruk og et brukket håndledd. Hele tiden hadde jeg visst at jeg skulle videre til noe helt annet. Spørsmålet som gjensto, var hva som ville skje etter rulleteksten. Det føltes vemodig å ha vekslet inn den rene og vakre visjonen min i en rigid og fysisk manifestasjon. Visjonen min hadde vært så fleksibel og full av muligheter. Nå sto jeg her med vegger og inventar, og til og med levende mennesker som ikke engang ante at de var en del av noe jeg hadde sett for meg i mange år.

Det gir et helt spesielt utgangspunkt, når så mange mennesker inntar et nyopprettet miljø samtidig. Jeg gjorde meg kjent med alle de nye menneskene, og ganske snart gikk det opp for meg at jeg selv allerede var blitt et begrep, som alle hadde et forhold til. Som eneste fastboende, var jeg «hun som bor her". Fra det øyeblikket måtte jeg bare avfinne meg med at jeg hadde alles blikk rettet mot meg. Jeg hadde hatt et voldsomt behov for å være anonym, helt siden jeg flyttet hjemmefra for å gå på skole. Samtidig var det noe annet som hadde tvunget seg fram i meg i løpet av de siste årene, som hadde gjort meg mer synlig enn jeg hadde vært villig til å innse. Mange av de ulike erfaringene jeg hadde oppsøkt, hadde på naturlig vis fått meg til å eksponere meg på stadig nye måter.

Jeg hadde manifestert et fysisk svar på visjonen min, og alle muligheter lå åpne for den videre utviklingen. I min engasjerte tilstedeværelse, forvirret det meg at jeg ikke hadde noen definerte oppgaver. Jeg gjorde meg kjent med bygget og alle menneskene, og observerte hva som fungerte og hva som ikke fungerte. Jeg påtok meg å holde i orden sånne ting som angikk oss som hadde kjøpt oss rom, og sånt som det passet å ta hånd om når bygget var tomt. Jeg renset vaskemaskiner og tørketromler, oppvaskmaskiner og viftefilter. Jeg laget oppslag og anvisninger, og jeg gikk daglige runder og sjekket at dører og vinduer var lukket og låst. Jeg så meg ut oppgaver, som ingen ellers ville ha gjort, og som ingen ville komme til å protestere på. De fleste ante ikke engang at det skjedde.

I denne tidlige fasen tilrettela jeg også for et felles arbeidsrom, i et av de mange møterommene som sto ledige. Jeg ville oppmuntre kreativiteten i miljøet, og finne ut hva som kunne komme ut av dette. Det kom ingenting ut av det. Det viste seg snart, at disse menneskene som oppsøkte dette stedet, hadde helt andre agendaer. Det ville ha vært nok med en eneste person for å sette noe i gang.

Hva som helst. Men det fantes ikke snev av interesse. Derimot var deltagelsen overveldende, når det kom til organiserte dugnadsoppgaver av mer praktisk karakter. Det var usedvanlig stor villighet til å bli fortalt hva man kunne gjøre, som en del av et fellesskap.

Av alt som skjedde i den tidlige opplevelsen av dette stedet, var det en spesifikk hendelse som rettet seg spesielt mot meg som person. Helt i begynnelsen låste jeg ikke døra mi, når jeg forlot rommet mitt. Det var sånn jeg ville ha det, det var det jeg følte meg komfortabel med. Som det så ofte skjedde, la tingene seg til rette, som i en velregissert film. Det hendte langfredag den første påsken. Jeg holdt vanligvis avstand til arrangementer som samlet mange gjester. Jeg hadde et ærend gjennom fellesarealene. Den levende musikken som var invitert inn for anledningen, spilte så fint at jeg fikk lyst til å høre mer. Jeg gikk tilbake sent på kvelden og satte meg med noen av de som fortsatt koste seg i den store salongen. Mens jeg satt der, fikk jeg beskjed om at det hadde gått et forvarsel om brannalarm, fra rommet mitt. Da jeg kom dit, la jeg ikke merke til detaljer som fotavtrykk, for jeg regnet med at alt pulveret betydde at noen allerede hadde vært der og slukket et branntilløp. Men sånn var det ikke. Noen hadde vært der og tømt et pulverapparat, og jeg var blitt sendt for selv å sjekke hvorfor alarmen var blitt utløst. Det var pulver overalt. Absolutt alt jeg hadde var dekket av lyseblått pulver. Det hadde til og med trengt seg inn i skuffene. Ei glasskrukke på et bord var knust, etter å ha flydd gjennom lufta og veltet ei lampe lenger inne. Det viste seg at noen hadde stått midt inne i rommet mitt og fyrt av et brannslokningsapparat til det var tomt. Jeg hadde holdt på å male veggene, så rommet var allerede i kaos, som en følge av alt jeg hadde måttet flytte på. Jeg brydde meg ikke om å ha innboforsikring, jeg likte mye bedre overbevisningen om at alt ville finne sine naturlige løsninger uansett. Det gjorde det også denne gangen, på sitt finurlige vis.

En av romeierne som hadde kommet til for å se, hadde nettopp kjøpt en hjørnesuite som var blitt ledig. Men de var ennå ikke klare for å flytte over fra det rommet de allerede hadde. Jeg fikk umiddelbart disponere den møblerte hjørnesuiten. Der kunne jeg innrette meg, mens alt annet var kaos. Fordi den lille gangen min var så trang, var den åpne døra til badet blitt skjøvet nesten inntil, da noen hadde passert. Jeg ville hente tannbørsten min og håpet at den var i orden. Da oppdaget jeg, at fordi jeg tidligere på dagen hadde vært ute og prøvd et par nye sko, hadde jeg plassert dem i dusjen for å renne av seg. Jeg ble så hjerteglad, da jeg fant et par helt nye sko, som ikke var fylt av pulver.

Fra mitt perspektiv ga denne saken meg noe viktig i tillegg. Jeg opplevde umiddelbart at den ekstreme situasjonen kom meg til gode på beste vis. Det skulle så lite til, på en plass som dette, for at selv den minste ting ble blåst opp til drama. Alt skulle vurderes, bedømmes og klassifiseres. Jeg ville så gjerne formidle, at det ikke fantes noe som var bare bra eller bare dårlig. I et større perspektiv var det ene en forutsetning for det andre. Nettopp fordi dette skjedde mitt og ingen av de andres rom, kunne jeg nå gi åpent uttrykk for de ubekymrede holdningene jeg ønsket å omgi meg med. Jeg ville ikke ha kunnet det, om det hadde vært noen andre som hadde blitt rammet. Det ville ha vært en hån. Nå kunne jeg vise at mine holdninger gjaldt i praksis, det var ikke bare noe jeg snakket om. Derfor opplevde jeg det som en gave på så mange måter, for det viste meg også hvordan jeg var omgitt av en raushet jeg aldri før hadde fått muligheten til å oppleve.

Min klarsynte søster, som aldri hadde besøkt stedet, ga meg en beskrivelse av hvem som hadde stått bak gjerningen. Den var så entydig, at det ikke etterlot noen tvil, og jeg hadde ikke engang vært klar over at denne personen hadde befunnet seg i bygget. Det holdt for meg. Jeg fortalte ikke til noen hvem det kunne ha vært. På tross av belastningene dette overgrepet unektelig påførte meg, var jeg langt mer opptatt av de fordelene og gavene denne hendelsen hadde gitt meg på et helt annet plan.

Eierskap

Visjonen min var basert på at jeg ville være helt i fred og likevel ha folk omkring meg. Det hadde jeg oppnådd, innenfor de rammene jeg beskrev.

Herfra ville jeg erfare hva jeg ellers kunne oppnå innenfor rammene av visjonen min. Jeg kunne skape for meg selv, men jeg kunne ikke skape for andre eller på vegne av andre. Til å begynne med trodde jeg at jeg ønsket å samle mennesker med et tilsvarende fokus som meg selv. Paradokset var, at den typen mennesker er det ikke mulig å samle. Det var akkurat det erfaringen med saueflokken hadde vist meg. Jeg hadde aldri drømt om å gjete sauer. Jeg ønsket å møte de ville dyrene som levde i frihet, spontant og uventet. Møter som oppsto der og da, fordi øyeblikket bragte oss sammen. Eller mennesker som krysset min vei. Jeg ønsket å erfare samskapelse mellom mennesker, som oppsto av lyst, på de områdene de hadde noe å bidra med fra sitt overskudd. Mennesker som ville finne inspirasjon, eller hvile og rekreasjon, i spontane uttrykk for skaperglede og livsutfoldelse. Mennesker som dukket opp i egenskap av seg selv, intuitivt og uten noen agenda i denne sammenheng, eller kanskje som en indirekte følge av en helt annen agenda. De ville ikke komme strømmende, fordi jeg raslet med kraftforet eller lokket med løfter og tilbud og manipulerende markedsføring. De ville kunne dukke opp like uventet som de ville dyrene jeg hadde pleid å møte. Det var ikke noe jeg ønsket å kontrollere. Men samskapelse var også alle de tingene man ikke nødvendigvis la merke til, i møtet mellom mennesker. Detaljer man ble påvirket av, som la noe til eller trigget komfortsoner.

Alt dette kunne jeg bare oppnå gjennom å tillate. Et hvert forsøk på å kontrollere situasjonene eller andre mennesker, ville i denne sammenheng virke mot sin hensikt.

Fra begynnelsen hadde stedet et vertskap, styrt av eierinteressene bak næringsdelen av konseptet, som utgjorde de store fellesområdene. Det var en forvirrende opplevelse for meg, som så gjerne ville delta på de måtene jeg kunne. Det var så mye jeg kunne bidra med, men det var ikke min jobb. Jeg kunne ikke bli for engasjert. Jeg måtte holde meg selv i tøylene. Jeg måtte lære meg å ignorere de oppgavene som det ikke fantes personale til å ta seg av. Dette stedet hadde ingen visjon om åpenhet og samspill, det hadde ingen visjon i det hele tatt. Bare jeg hadde en visjon for min egen del. Stedet hadde oppstått som et resultat av hva dyktige selgere hadde klart å oppnå, på en måte det virkelig sto respekt av. Alle rommene var blitt solgt på rekordtid. De enorme arealene som resten av bygget besto av, hadde ingen retning for anvendelse. Det fantes ingen klare visjoner, bare et ønske om å tjene penger. Det fantes ingen involverte parter med verken kunnskap eller interesse for denne typen virksomhet. Jeg opplevde det totale fravær av innovativt engasjement. Det sto i sterk kontrast til den nyskapende måten de tidligere hotellrommene var blitt solgt, av forretningsfolk som ble inspirert av kvadratmeter som kunne omsettes til kroner.

Det var som å være i en drøm, og våkne igjen og igjen og bli påminnet om at dette var ikke mitt, og så gli rett tilbake inn i drømmen igjen. Alt jeg kunne gjøre, var å observere hva som skjedde og hvordan alt utspilte seg på alle de ulike områdene. Jeg så hvordan tradisjoner ble ivaretatt, for et konservativt publikum, med alle de agendaene som jeg hadde fjernet meg fra. Totalopplevelsen for min del var en salig blanding av bekreftelser på hva fremtiden ville kunne romme, i en uforenelig kombinasjon med fortidens tunge etterlatenskaper. En atmosfære preget av tilsynelatende verdier, som for lengst hadde utspilt sine aktive roller.

Øyeblikkets tilstedeværelse var det eneste jeg hadde noen direkte innflytelse på. Jeg koste meg i det lille hotellrommet mitt med eget bad. Så lenge jeg ønsket at jeg også kunne hatt et badekar, ble jeg påminnet om at dette ikke var noen endeholdeplass. I huset mitt hadde jeg ligget i badekaret hver eneste dag. Veldig mye av informasjonen fra min innerste bevissthet kom til meg når jeg var i kontakt med vann.

Jeg hadde slappet godt av i det varme vannet. I badekaret jeg hadde installert i huset mitt, kunne jeg ligge i stillhet og se på himmelen og stjernene gjennom et takvindu. Alle forandringene jeg gjennomgikk på et dypt nivå i meg selv, var en belastning både fysisk og mentalt. Omfattende endringer i min bevissthet påvirket hver eneste celle i kroppen. Selv etter en dag hvor jeg tilsynelatende hadde sittet helt alene og i ro, kunne jeg være overveldet av hvor innholdsrik dagen hadde vært.

På dette stedet ble jeg oppmerksom på hvor tydelig jeg kunne kjenne forskjell på energiene, ettersom hvem som befant seg i bygget. Til å begynne med la jeg merke til et gjentagende mønster. Jeg syntes det var påfallende, at jeg følte meg så sliten på lørdager, akkurat når det var muligheter til å treffe folk. Det varte til en stund utpå søndagen, og så lettet det plutselig. Da gikk jeg endelig muntert ut av døra mi, for å si hei til de jeg møtte. Men da var parkeringsplassen tom.

Da skjønte jeg at det hadde en sammenheng til alle de travle menneskene, som var kommet for å få mest mulig ut av helgen. Jeg kunne føle det, på måter jeg ikke hadde vært oppmerksom på. For meg, som var der hele tiden, ble det også merkbart hvordan de ulike konstellasjonene av mennesker konstant endret energidynamikken. Det var et privilegium for meg å fritt kunne bevege meg inn og ut av disse opplevelsene. Jeg kunne gå tilbake til stillheten i rommet mitt, akkurat som det passet meg. På søndager, da oppbruddsstemningen hadde lagt seg, nøt jeg å kjenne på hvordan roen igjen senket seg. Romeiere som slo seg til ro over flere dager, utstrålte en helt annen energi.

Et privilegium var det også å kunne sitte ute på

terrassen eller inne i fellesarealene, og oppleve at ferske bekjentskaper bare dukket opp og kom og slo av en prat. Noen ganger samlet det seg større grupper. Akkurat sånn som jeg hadde ønsket meg. Helt uforpliktende og uten forventninger om noe som helst. Det var fritt opp til enhver å bare reise seg og gå, uten å behøve og gjøre rede for seg.

Selv i de stilleste periodene var det alltid noe som foregikk. Den første tiden var det vedlikeholdsarbeid og oppussing på alle kanter. Selve driften var et utprøvingsprosjekt uten klare retningslinjer, med stadig nye innfallsvinkler som ble testet ut. Det fantes ingen fasit for å drive et sted som dette. Det fantes ikke noe tilsvarende på dette tidspunktet. Alt måtte erfares underveis, mens det ble til. Til en viss grad sånn som jeg hadde levd i årevis, men med en vesentlig forskjell. Her fikk jeg til stadighet høre at det var pengene som styrte. Den saken var det bred enighet om.

Intuisjon

I opplevelsen av å befinne meg innenfor de fysiske rammene av min egen visjon, begynte intuisjonen min å bli en stadig mer underholdende del av hverdagen min.

Hele tiden opplevde jeg rekker av synkroniteter, sammenfallende hendelser og ting som på magisk vis la seg til rette for meg. Noe av det første jeg ble oppmerksom på, var at utallige ganger befant jeg meg ved den låste hoveddøra, akkurat idet noen sto på utsiden og ville inn. Jeg begynte å lure på om det var noen der som ville inn hele tiden, eller om det faktisk kunne være sånn at jeg igjen og igjen befant meg der i akkurat det rette øyeblikket. Ville jeg snakke med en person, kunne jeg bare bestemme meg for det. Når valget var gjort, kunne jeg oppholde meg på rommet mitt, til jeg plutselig reiste meg fra det jeg holdt på med. Det var ikke noe jeg behøvde å tenke på. Noen impulser tok styringen når øyeblikket var inne, selv om jeg ikke engang oppfattet hva jeg ble ledet i retning av. Og så gikk jeg rett på den jeg ville møte.

En dag oppdaget jeg en liten vannlekkasje over ei av de innvendige trappene. Jeg hadde ikke sett vaktmesteren i løpet av hele dagen. Jeg satte meg og så på et program. Da det var mindre enn to minutter igjen av programmet, sto jeg intuitivt opp av stolen og gikk ut av rommet mitt. Jeg sendte vaktmesteren en melding, siden det nærmet seg slutten på arbeidsdagen hans. Så gikk jeg til det aktuelle stedet i den andre enden av det enorme bygget. Idet jeg rundet hjørnet dit hvor trappa gikk ned, dukket vaktmesteren opp rundt hjørnet fra etasjen under, akkurat der hvor det hadde dryppet fra taket.

- Jeg har sendt deg en melding.

Han hadde ikke sett den ennå. Likevel sto han akkurat der det dryppet, akkurat da, akkurat på den måten jeg så mange ganger hadde fortalt at ting legger seg perfekt til rette for meg.

- Skjønner du hva jeg mener?

Det begynte å bli flere som hadde fått det spørsmålet. Noen var tilbøyelige til å begynne å tro på meg. Selv syntes jeg disse opplevelsene var like ufattelig morsomt hver eneste gang. Min beste underholdning!

Andre ganger var det hendelser, som på utrolig vis sammenfalt med mine bevegelser. En gang oppdaget jeg en større lekkasje i tide til å kunne håndtere det, fordi jeg akkurat da var ute og ruslet midt på natta. Ved et par andre anledninger våknet jeg om natta og sto opp og kledde på meg, like før noe påkalte min oppmerksomhet og tilstedeværelse. Den første gangen det skjedde, fattet jeg ikke hva jeg holdt på med. Jeg hadde bare så vidt kommet meg i klærne, uten å ane hvorfor i all verden jeg sto opp og kledde på meg på denne tiden av døgnet. I neste øyeblikk gikk brannalarmen i hele bygget. Jeg var ved branntavla på et øyeblikk, før folk kom seg ut av sengene og begynte å komme strømmende til fra alle kanter. Det var jeg som hadde brannvakt på det tidspunktet, og det var mye folk i bygget. Det viste seg at det ulmet i et lampearmatur i kjelleren i personalavdelingen. Jeg ga brannvesenet beskjed om at jeg hadde alt under kontroll, og så holdt jeg saken under oppsikt resten av natta.

Alle disse hendelsene bidro til at jeg alltid følte meg trygg fra innsiden. Jeg visste, at om noe ubehagelig skulle oppstå, ville det på en eller annen måte tjene til min fordel i en større sammenheng. Ofte på måter jeg ikke umiddelbart ville kunne forstå.

Synkronitetene er overalt, også når man ikke legger merke til dem. Intuisjonen kommuniserer på et språk man lett kan overse betydningen av, fordi det er så ufattelig enkelt. Det som er lett tilgjengelig, har ikke hatt noen verdi i vårt samfunn. Det ville frata makthaverne sine personlige fordeler av sånt som de vil ha kontroll over. Ingen har noen virkelig makt over den som vet i seg selv.

Resepsjon

Visjonen var en bekreftelse på hva som var mulig. Nesten som en kvittering på hva som ville bli levert, så snart jeg var klar for å ta imot. Jeg var blitt vist hva som fantes for meg.

Visjonen som hadde bragt meg til dette punktet, hadde hatt sterkest fokus på de ytre rammene for det fysiske stedet. Kriteriene var store fellesarealer, mange rom for mennesker som kommer og går, og at jeg var den eneste fastboende. Det definerte selve grunnlaget for det jeg forestilte meg kunne utspille seg på innsiden, for ikke å snakke om alt det jeg ennå ikke var i stand til å forestille meg. Jeg hadde ikke stilt noen krav til beliggenhet på det tidspunktet visjonen oppsto. Jeg hadde bare et ønske om kreativt inspirerende omgivelser. Den siden av saken var fullstendig fraværende. Fraværet ble forsterket av avstanden til kysten, hvor jeg følte at jeg naturlig hørte til.

Kreativitet var for meg noe langt mer enn utfoldelse i baren på sen kveldstid. Jeg hadde et relativt distansert forhold til alkohol, og jeg kunne ikke utstå at løsslupne aktiviteter skulle tilskrives et inntak av berusende midler. Jeg ville kjenne at spontanitet og frydefull livsglede og hjertelig lyst kom fra meg selv. Jeg elsket å føle meg beruset av selve livet.

Konseptet var spektakulært, det var unikt, det handlet om mennesker, til tross for at det hadde oppstått fra et ønske om å tjene penger. Ideen var innovativ og traff en masse mennesker rett i hjertet. Men de nyskapende ideene strakte seg ikke lenger enn til at rommene var solgt. Når det kom til selve driften, fantes det ingen visjoner hos dem som hadde ansvaret og tok avgjørelsene. De ville bare sikre økonomien, basert på restene av det som hadde hatt noen verdi i fortiden. Alle gjorde så godt de kunne, ut ifra de forutsetningene de hadde. Det var mange som mente noe om saken, alltid basert på at noen andre skulle gjøre noe annerledes. Selv befant jeg meg fortsatt i en modus av å observere, også når jeg deltok aktivt. Jeg forventet å bli mistrodd og undervurdert, så lenge mitt levesett var så umulig for andre å begripe.

Da jeg flyttet inn, var det uten forventninger, fordi det fantes for mange ubesvarte spørsmål til at noe kunne forventes. Så begynte hodene å tenke. Jeg sto der alene og ville noe fra hjertet, fra dypet av min innerste lidenskap. Noe jeg ikke kunne kjempe for. Det ville manifestere seg for meg, når alt var klart. Kanskje her, kanskje et annet sted. Klarhet vil åpne dørene, der hvor kamp ikke har noen funksjon. De kamplystne ville måtte rase fra seg, til alt falt til ro.

Det kjentes som om jeg kunne ha skapt denne manifestasjonen på akkurat denne måten, for å unngå å bli altfor engasjert på dette stedet. Det lå så langt unna de omgivelsene jeg foretrakk å oppholde meg i. For hvert nytt sted, ble jeg stadig mer imponert og takknemlig over hva jeg hadde oppnådd. For hver gang ble det like umulig å forestille seg hva som skulle kunne overgå det som jeg hadde fått tilgang til. Spesielt så lenge pengebeholdningen ble et mindre og mindre sannsynlig utgangspunkt for mine valg. Det hadde krevd en stor grad av naiv tillit å løsrive meg så fullstendig fra arbeidslivet, uten utsikter til inntjening fra noe hold. Spesielt i en alder hvor man ikke lenger anses som attraktiv på arbeidsmarkedet. Men jeg følte meg trygg og tillitsfull, så lenge jeg kun hadde meg selv å forholde meg til. Jeg var langt mer usikker på hvordan jeg ville kunne fungere i en arbeidssituasjon, hvor tidsrammer og arbeidsoppgaver var definert og vedvarende.

Det viste seg snart at den delen av visjonen også var ivaretatt. På et passende tidspunkt oppsto en situasjon, som åpnet nye dører for meg. Jeg fikk en mulighet til å erfare konseptet fra et nytt perspektiv, da resepsjonen ble stående ubetjent, uten noen til å overta. Jeg ble bedt om å steppe inn, for å avhjelpe situasjonen. Der og da var jeg den naturlige kandidaten til å ta grep. Jeg kjente bygget, jeg kjente menneskene, jeg kjente rutinene, og jeg var personlig interessert. Jeg hadde for lengst engasjert meg selv, når jeg så hva jeg enkelt kunne bidra med, og jeg var den som alltid var tilstede og hadde oversikt. Jeg regnet med at det ville bli et kortsiktig vikariat. Fra det øyeblikket ble jeg så opptatt av administrative oppgaver, at jeg fullstendig mistet kontakten med visjonen min. Det var intenst. Med min trang til å skape orden der hvor orden og oversikt var en naturlig fordel, fant jeg oppgaver overalt.

Ikke et øyeblikk streifet det meg, at der sto jeg alene og betjente resepsjonen i det som i mange tiår hadde vært et landemerke av et ærverdig og velrenommert høyfjellshotell. Det hadde rommet ministre og oljesjeiker, som kom i privatfly og ble fraktet til døra i helikopter. Det var helt andre oppgaver å betjene for meg, og jeg forholdt meg til et øyeblikk av gangen.

Som i alle mine arbeidsforhold, ga mitt engasjement og innlevelse meg stadig flere arbeidsoppgaver å håndtere. I begynnelsen insisterte jeg på å få arbeide uten kontrakt og lønnsavtaler, som ville styre og begrense min utfoldelse. Jeg ville bare ha frie hender til å gjøre alt hva jeg kunne, for å få på plass det jeg så måtte til. Jeg ville ikke begrenses av arbeidstider og pålagte oppgaver. Arbeidsforholdet vedvarte. I månedsvis arbeidet jeg all den tid jeg ikke sov, hele uka igjennom. Jeg styrte selv mine oppgaver, og jeg fant hele tiden flere ting som kunne gjøres. Den intense arbeidssituasjonen ga meg opplevelsen av hva jeg kan yte når situasjonen er der. I tillegg fikk jeg erfare konseptet fra innsiden, fra det administrative perspektivet, med alle sine faktorer. Jeg erfarte meg selv i stadig nye situasjoner jeg måtte forholde meg til. Jeg hadde mengder av ansvar og ingen myndighet, ingen til å veilede meg eller ta avgjørelser. Og samtidig var det alltid noen andre som bestemte. Jeg måtte improvisere, men jeg kunne ikke gjøre som jeg ville. Til tider var jeg veldig frustrert i de umulige situasjonene. Da glemte jeg en stund at det var nettopp dette som gjorde oppgaven interessant. Ofte lå løsningen i at jeg måtte hente fram ressurser i meg selv, som jeg inntil da hadde holdt tilbake. Opplevelsen endret mitt perspektiv fra dag til dag.

Det ble snakk om utleie, og jeg så straks at det ikke fantes noe system for å håndtere det. Bare den som selv har utviklet noe, vet hvor ufattelig lang tid det tar å få alle detaljer på plass, med faktorer og variabler som hele tiden endres og forskyves. I dette konseptet var rommene preget av sine ulike eiere, med totalt ulike premisser og individuelle holdninger og krav. I ettertid, når det utviklet seg i retning av noe som lignet på hotelldrift, føltes det som det største paradoks, at jeg var den som startet å bygge det opp, bare fordi jeg kunne. Og fordi det ikke var noen andre der til å gjøre det. Hele mitt utgangspunkt hadde bygget på at jeg ikke ville ha et hotell. Utleie hadde jeg tro på, men tradisjonell hotelldrift var etter min oppfatning en helt annen sak. Der sto jeg som stedets ansikt utad. Så mange aktører involvert, så mange hensyn og så elendig kommunikasjon. I lange perioder overgikk det jeg opplevde fra innsiden alt av reality- og såpeserier. Jeg hadde mange ganger tenkt at sånne serier måtte være regissert, siden det alltid foregikk så mye rart. Den versjonen jeg opplevde nå, var ikke engang klippet. Igjen ble jeg så opptatt av å løse øyeblikkets oppgaver, at jeg ikke reflekterte over hvor jeg var på vei. Jeg ville bare få det til å fungere, på de premissene jeg så.

Mer enn noe annet, ga denne erfaringen meg en innsikt i hvor mange begrensninger det innebar å skulle administrere et så innfløkt konsept. Alle regelverk var utformet for å regulere samfunnet innenfor sine definerte rammer, ned til minste detalj. På meg virket det også som, at de som var mest opptatt av regler, var de første til å bryte dem. Dobbeltmoralen forvirret meg.

Flere ansatte kom til, med sine ulike agendaer og personlige egenskaper. Jeg hadde lenge drømt om å kunne være en del av et velfungerende team av individer, som med hver sine unike egenskaper bidro til et helhetlig tema. I en kort periode følte jeg meg ufattelig privilegert, som fikk være en del av et nydelig og muntert team i administrasjonen, av individer som kommuniserte og samarbeidet i en naturlig flyt. Vi lo av alle de vanskelighetene som sto i kø for oss, og så gjorde vi så godt vi kunne. I den perioden var stemningen oppløftende fra alle hold. Også fra de som trodde de bidro til noe oppbyggelig, da de i beste mening raserte det vi hadde bygget opp, istedenfor å tilføre det som vi var klar over at teamet trengte. Så opphørte den fine opplevelsen like brått som den hadde oppstått. Strukturene ble uten forvarsel endret, på måter jeg ikke ville være en del av. Ansettelsen av en hotellsjef kom fullstendig uventet på oss. Det var sånn det ble. Det var da alt forandret seg i retning av noe jeg følte meg stadig mindre komfortabel med. Den gode stemningen forsvant. Det personlige preget ble skjøvet til side av kommersielle hensyn. Det forplantet seg i alle retninger, og utviklet seg stadig mer destruktivt.

Mennesker oppfatter situasjoner ulikt, og responderer individuelt og totalt forskjellig. Det er naturlig og nødvendig. Da ledelsen satte inn en person til å ta styringen, reagerte jeg spontant og instinktivt med å trekke meg umiddelbart, uten tanke på personlig økonomisk tap eller andre konsekvenser. Jeg holdt fysisk avstand, selv om jeg fortsatt bodde og levde i det samme bygget. Jeg forlot det vidunderlige privilegiet av å ha vært en del av et team som hadde kommunisert i en tone av gjensidig forståelse og respekt. Jeg så ved første øyekast at denne endringen ville komme til å bli en propp i systemet. Ledelsen så noe annet, og ufattelig lenge var det ingenting annet de var villige til å se. De så tall, de hørte løfter basert på imponerende historier, og alt foregikk i en sjargong de følte seg komfortable med. Sånne ting, som jeg ikke hadde noen greie på. Jeg forholdt meg kun til mine egne subtile signaler fra min innerste visshet, som ga meg total trygghet når jeg valgte å distansere meg fra alt sammen.

Løsrivelsen fra et lidenskapelig engasjement, så plutselig og brutalt, utløste emosjonell turbulens. Samtidig var jeg klar over at jeg hadde spurt meg selv hva som måtte skje for å få meg til å klare å løsrive meg og gå videre. Jeg hadde funnet svaret.

Nye dører åpnet seg for meg, fra nye innfallsvinkler. Plutselig var jeg blitt en del av selveste styret. Det hadde kommet som et forslag fra et hold jeg minst hadde forventet. Jeg hadde stilt meg åpen, uten å ta det på alvor. I neste øyeblikk hadde saken utviklet seg, og spørsmålet dukket opp enda en gang. Igjen stilte jeg meg åpen, for jeg regnet hele tiden med at det ville dukke opp andre og mer aktuelle kandidater, som ville fylle den ledige plassen. Isteden skjedde det, at jeg bare gled inn i rollen, mot helt nye erfaringer. Ubevisst hadde jeg søkt meg innover i en enda dypere forståelse av de mentale samfunnsmekanismene, som i beste mening arbeider for å ivareta våre alles interesser. På veien dit, møtte jeg et raseri i meg selv, som jeg aldri tidligere hadde opplevd. Den siste tiden hadde vært preget av en lang rekke av ubegripelig håndtering av saker, som på ulike vis influerte på meg. Alt hadde vært relatert til ulike representanter for styre og stell, på måter jeg hadde opplevd som personlige maktovergrep. Det var så påfallende og så mye og så absurd, at det bare kunne bety at det inneholdt en personlig beskjed til meg. Nesten som en rebus, som jeg bare behøvde å bli oppmerksom på. Svaret kom til meg fra innsiden, i form av et ufattelig raseri. Jeg visste knapt hvor jeg skulle gjøre av meg. Jeg kjente bare at dette var viktig! Det knuste de siste restene av underdanighet i meg. Det pulveriserte alle mine forestillinger om hva jeg kunne forvente av mennesker i en tilsynelatende maktposisjon. Situasjonen krevde at jeg stolte på meg selv fra et helt nytt nivå.

Drømmer og forventninger

Så lenge jeg fortsatt bodde uforstyrret i mitt eget hus, levde drømmene sitt eget liv, mens jeg foretok små grep i retning av å legge ut på eventyr. Det gjenspeilet seg i alle de ville dyrene som oppsøkte meg, og små uventede hendelser som en følge av hva jeg var åpen for. Jeg la merke til at hver gang jeg flyttet til et nytt sted, oppsto små uventede hendelser i begynnelsen, mens jeg fortsatt var åpen for at alt kunne skje. Så gled jeg langsomt inn i de lokale rutiner og holdninger, som lå i lufta som en del av tyngdekraften på stedet. Hvert sted har sine styrende faktorer, som påvirker lokalmiljøets holdninger og forventninger.

Visjonen var først av alt en bekreftelse av meg selv. Derfor manifesterte jeg eventyrlige metaforiske bekreftelser hver gang jeg oppgraderte min opplevelse til et helt nytt sted, med helt nye muligheter. Uunngåelig gled jeg inn i stedets rytmer, holdninger og begrensninger. Ubevisst hadde jeg ofte gjennom livet blitt trukket i retning av relativt nyopprettede steder og situasjoner, hvor jeg hadde kunnet være en del av utviklingen. Det hadde bare alltid vært noen der med mer vilje, agenda og innflytelse enn meg. Jeg hadde bare vært en del av aromaen som hadde gitt bakverket sitt særpreg, men som ingen hadde brydd seg om å identifisere. Det kunne ikke identifiseres. Det var ikke krydderet, det var ikke mengdeforholdene. Om noen ba om oppskriften, var den like svevende som visjonen min. Og likevel var produktene helt reelle. Visjonen min kunne ikke defineres, og likevel var det den som formet min vei, mitt livsløp, min historie.

I den ultimate bekreftelsen av visjonen, var det jeg som styrte min opplevelse av stedet. Det var jeg som hadde kontroll på en måte som jeg ikke behøvde å kontrollere. Det var jeg som bestemte hvem som kunne være en del av det stedet hvor jeg ville leve, på en måte som gjorde at jeg ikke behøvde å bestemme over menneskene jeg omga meg med. Det ville være som en familie, hvor man ikke var i slekt, og derfor ikke hadde noen etablerte forpliktelser overfor hverandre. Det ville være som et rekreasjonssted, hvor man kunne finne hvile i vissheten om at hver og en passet sine egne saker, og fant oppmuntring og inspirasjon i hverandre.

Noen ting er for enkelt til at logikken vil godta det. Tvilen ligger nedarvet gjennom generasjoner og fra mange livstider, hvor alt handlet om å erfare på dualistiske betingelser. Alt har vært basert på at motpoler settes opp mot hverandre, for å generere en nødvendig dynamikk. Men når motpolene gjøres likeverdige, fordi det ene er en forutsetning for det andre, kan livet være enkelt, om man velger det. Å manifestere visjonen min i sin ultimate versjon, kunne være enkelt. Det ville forutsette at jeg satte all tvil til side, og tillot at alt ville komme til meg. Jeg visste at det var mulig. Jeg visste det i min innerste kjerne av min eksistens. Og så kom alle de menneskelige aspektene løpende med sine argumenter. De var like mange, som alle erfaringer jeg hadde gjort i all den tiden jeg hadde erfart livet på jorda. De var minnene om alt som kunne gå galt, all kritikk, alt som hadde vært vondt å oppleve. Til og med nedarvede minner om andres erfaringer, advarsler, overbevisninger, begrensninger og lidelse. De kom løpende og advarte meg om utilstrekkelighet og konsekvenser. Fra innsiden. Tilsynelatende for å beskytte meg, men i langt større grad for å beskytte og rettferdiggjøre sin egen eksistens. De har sin egen bevissthet, på linje med fysiske eiendeler man tar vare på av sentimentale årsaker. De er forankringer, referanser som gir en illusjon av kontinuitet og trygghet. Jeg hadde vært en samler. Jeg hadde utallige ganger bestemt meg for å kvitte meg med noe, og i det øyeblikket jeg sto med tingen å hendene, var det som om den tok personlig kontakt med meg. Bare den som har opplevd dette, kan relatere til det. For alle andre er gjenstanden bare en ting. De merker ikke at den har sin egen bevissthet, med evnen til å kommunisere til den som er åpen og mottagelig. Det fortonet seg som et mirakel, at jeg klarte å tømme et helt hus med alt det jeg hadde samlet på gjennom livet. Det hadde holdt meg forankret til opplevelsen av et hjem som var mitt. På samme måte ville alle de menneskelige aspektene appellere til min opplevelse av meg selv som individ. De ville fortelle meg om min personlighet. Men den var ikke min. Det var de ulike personlighetsaspektene som formet illusjonen. De var som ulike religionsutøvere, som fra hvert sitt ståsted tolket Gud på den måten som tjente dem best. Men i kjernen av mitt indre univers, er jeg Gud også. Vissheten som ikke trenger noen bekreftelse.

Ingen har sett denne vissheten. Den bare er. Den vil aldri foreta seg noe for å overbevise meg eller noen andre om at den finnes der. Den vil aldri kjempe for sin sak, aldri argumentere, aldri dømme. Den bare er.

Denne vissheten hadde mer eller mindre vært hos meg gjennom hele dette livet. Det hadde skapt mange vanskeligheter for meg. Jeg hadde tillatt at mye urett hadde rammet meg. Det hadde vært en konsekvens av at jeg hadde stått urokkelig i min rett til at jeg aldri behøvde å forsvare meg, eller rettferdiggjøre mine holdninger og valg. Jeg hadde ikke engang vært villig til å stå opp for min sak i diskusjoner hvor jeg visste at jeg hadde rett. Jeg bare tenkte for meg selv at; du kan fortsette å være dum til du finner ut av det selv. Det spilte ingen rolle for meg.

På denne måten hadde jeg beholdt min integritet, selv om det hadde kostet meg mange ydmykelser og opplevelser av urettferdig behandling. Rettferdighet er et relativt begrep. Opplevelsene hadde vært viktige og nødvendige deler av mine livserfaringer, som fikk verdi for meg når jeg valgte å verdsette dem.

Den delen av meg, som med urokkelig ro visste dette, lå bortenfor min menneskelige fornuft. Bare ved min egen visshet, kunne jeg bekrefte meg selv og manifestere min visjon.

Motsetninger

Sommeren nærmet seg, betjeningen hadde bestilt sine ferier og sjefen hadde sluttet.

Fordi jeg fortsatt var tilgjengelig og engasjert, ble jeg trukket inn i det igjen for en periode. Jeg protesterte først, jeg ville ikke tilbake til resepsjonen. Jeg protesterte lenge, men ettersom det nærmet seg en periode uten bemanning, ga jeg etter likevel. Igjen stilte jeg meg spørsmål om hvorfor jeg bidro til å bygge opp det, som jeg aller minst ville ha. Vi var to som skulle veksle på å betjene situasjonen gjennom tre uker i sommerferien. Jeg tellet dagene. Alt var forandret siden jeg var der sist. Det ble mye mer trafikk enn forventet. Det morsomste av alt, var at selv om ingen av oss hadde helt oversikt over rutinene i resepsjonen, var vi alltid der for hverandre i det øyeblikket en av oss sto litt fast. Alt løste seg i en fantastisk flyt, som fikk oss til å le av fryd og overraskelse. Derfor var det ekstra morsomt at vi faktisk satte omsetningsrekord i denne perioden.

De tre ukene gikk, og så oppsto det ene etter det andre, som forlenget mitt engasjement og gjorde det stadig vanskeligere for meg å løsrive meg. En ny sjef skulle ta over. Endelig så det ut til at tingene ville finne sin naturlige rytme. Det oppmuntret meg ikke. Jeg følte bare at jeg ble trukket enda dypere inn i noe, som jeg egentlig ikke hadde noen interesse av. Det hele tok mer og mer retning av et kommersielt og upersonlig fokus. Driften bygget opp under en forestilling om at dette fortsatt var et hotell. Selv om åpningstidene ble utvidet og det stadig ble flere ansatte, var situasjonen alltid preget av underbemanning. Kostnadene måtte holdes nede, mens utgiftene fortsatt var langt større enn de inntektsbringende arrangementene kunne dekke. Jeg ble involvert på stadig nye områder. Det var ikke dette jeg ville være med på å bygge opp!

Resepsjonsjobben trigget noe i meg. Spesielt da det ble påpekt hvor godt jeg gled inn i rollen. Jeg insisterte på at det ikke var dette jeg ville. Og likevel var det dette jeg gjorde med stor entusiasme. Hvordan kunne det henge sammen? Noe i meg protesterte. Dette var ikke meg! Dette var en annen meg! Hvor var det som jeg virkelig ville jobbe med? Det forvirret meg. Det eksisterte to versjoner. Hvorfor var jeg da så sterkt tilstedeværende i denne versjonen? Hvorfor ble jeg så sterkt engasjert av så mange oppgaver som måtte løses og mestres, når situasjonen var en så stor motsetning til det jeg ville skape for meg selv? Jeg var en del av dette fantastiske stedet, som jeg var så involvert i på så mange måter. Det var en flott manifestasjon av visjonen min, og samtidig var det også alt det jeg ikke ville ha. Jeg hadde tidligere hatt en opplevelse av å stå med et bein i hver sin verden. Sånn fortonet det seg fortsatt, mens begge opplevelsene var i utvikling. Spørsmålet var, om de noen gang ville la seg forene.

Når jeg ikke var engasjert og interessert, taklet jeg situasjonene dårligere og alt føltes helt håpløst. Tanker av misnøye hadde en stadig mer destruktiv virkning på meg. Jeg ønsket ikke å la dette influere på de som faktisk gjorde en god jobb og trivdes med oppgavene.

Når jeg hadde fri, hadde jeg ingen glede. All energien var sugd ut av meg. I altfor lang tid hadde det kun handlet om å hale inn penger, ved å tilfredsstille fremmede menneskers forventninger og behov. For meg fortonet det seg som mental prostitusjon. Det føltes som et overgrep mot livskraftenergien. Den strømmet ikke lenger i fri flyt. Den var bundet opp mot stramme betingelser, som fratok meg all min personlige utfoldelse. Det ble forsterket av det altfor trange og upersonlige arbeidstøyet jeg ble presset inn i, for å se presentabel ut etter ledelsens retningslinjer. Det skulle ikke handle om personlige egenskaper, bare om å tjene penger. Det var det samme fokuset som mange år tidligere hadde fått meg til å si opp min første jobb som urmaker. Jeg elsket arbeidet mitt, jeg kunne bare ikke bli i et miljø som hadde en så ensidig motivasjon. I dette tilfellet var det omvendt. Jeg elsket miljøet jeg var en del av, jeg kunne bare ikke utføre et arbeid som krevde at jeg representerte et så uinspirert og gledesløst fokus. Spesielt ikke nå, hvor mine interesser gikk i retning av å ekspandere min bevissthet. Uorden engasjerte meg, fordi jeg var opptatt av utvikling. Utvikling kan lettest skje der hvor alt er kaos. Jeg elsket å delta mens alt fortsatt var kaos, og hver minste forandring betydde en forskjell.

Resepsjonsdisken definerte meg. Der hadde jeg ingen rett til å lytte til mine egne signaler. Jeg skulle kun lytte til gjestenes ønsker og krav, og følge de etablerte rutinene.

Et overfladisk perspektiv preget hele konseptets oppmerksomhet. De drivende agendaene for stedet var rettet mot å få et omstrukturert hotell til å fungere som noe som lignet på et tradisjonelt hotell igjen. Uten snev av lidenskapelig entusiasme. Alt handlet om målbare faktorer, som penger, hvor lang skituren hadde vært, hvor mange fjelltopper som var besteget. Det eneste som handlet om farger, var de røde tallene.

Jeg hadde vært så lenge omgitt av strukturer av et konservativt tenkesett, at jeg ofte mistet kontakten med den drivkraften som hadde bragt meg hit. Samtidig som jeg hadde tilegnet meg et stadig sterkere erfaringsgrunnlag for å kunne bygge opp noe fra innsiden. Jeg følte meg bare usikker på om det fantes et grunnlag å bygge det på, ettersom de menneskene jeg omga meg med, hadde så totalt ulike livsverdier. Av og til fortalte jeg om visjonen min til mennesker jeg møtte, som om jeg ventet på at noe skulle gnistre til i øynene på dem. Men temaet møtte stort sett bare tomme blikk.

Alt jeg så, var de faktorene som hadde gjort meg så sliten at jeg følte meg fanget. Nøkkelen var min egen bevissthet, min visshet om at jeg når som helst kunne åpne nye dører for meg selv. Jeg trengte å hvile tilstrekkelig, til at min naturlige kreativitet ble vekket igjen, så jeg kunne fortsette min skapelse fra et utgangspunkt av pur fryd.

En stund hadde jeg hatt en opplevelse av å være med på noe, utvikle noe. Utvikling kan skje på så mange slags vis. Også gjennom å forsterke det man trenger å se. Gjennom å delta, hadde jeg fått en større forståelse av hvordan alt fungerte fra innsiden.

Jeg ønsket ingen dokumentasjon på at jeg som arbeidstager, en lønnsmottager i et lineært system, hadde vært pliktoppfyllende, lojal og serviceinnstilt. Bare mine egne bekreftelser hadde noen verdi for meg. Mistet jeg kontakten med den autentiske delen av meg selv, var det mitt ansvar å løsrive meg og komme meg videre.

Jeg følte meg som en del av en tyggegummi, som var på vei videre under en skosåle. Jeg hadde fortsatt historien min, som jeg fortalte meg selv underveis. Den moret meg og vekket lysten i meg til å skape en fantastisk fortsettelse. Når jeg så det hele i et større perspektiv, våknet noe i meg igjen. Noe som yret av liv, et liv det ennå gjensto meg å leve ut fortsettelsen av, noe helt nytt og ennå ikke erfart!

En helt ny forståelse var i ferd med å våkne opp i menneskers bevissthet. I meg. Underveis, var det uunngåelig å bli sugd inn i de gamle energiene. Det var av og til nødvendig, for å la noe få bli enda tydeligere. Det var der jeg befant meg, i et øyeblikk av å føle meg som en tyggegummi som satt klistret mellom asfalten og en skosåle. Som en tyggegummi, som hadde vært igjennom hele forløpet av å bli pakket ut av den ryddige emballasjen, tygget smidig og fleksibel, fra nytelse til å bli spyttet ut på et tilfeldig sted, tråkket på og revet opp igjen. Transformasjon. I en menneskelig opplevelse, belastende på både kropp og sinn. Livet fortsatte, og jeg hadde i det minste unngått avfallssortering. Jeg måtte minne meg selv om at uansett hvordan jeg opplevde det, var alt som det skulle være. I opplevelsen av JEG ER ville ingenting kunne gjøre meg verken noe mindre eller noe større. I denne aksepten fant jeg hvile.

Anerkjennelse

Livet er herlig, for den som kan sitte i sin egen fred om natta og spise sjokolade. Aldri hadde jeg bedt om å få jobbe på dette stedet. Aldri hadde jeg tenkt at jeg skulle bli valgt inn i styret. Aldri hadde jeg trodd at jeg i hele mitt liv skulle føye skjenking av øl og vin til min rikholdige samling av erfaringer. Alt er mulig, for den som er klar for å ta et steg i en helt ny retning. Drømmer er undervurdert. De kommer så ofte i skyggen av alt det som vurderes som realiteter.

Tidsperspektivet for å oppholde seg på en adresse, begynte å strekke seg utover det som hadde vært vanlig for meg de siste årene. Jeg følte meg klar for å forflytte meg igjen, men trangen var ikke like sterk som tidligere. Jeg hadde det så godt. Jeg begynte å lure på om visjonen min bare hadde vært noe jeg hadde forutsett, som jeg så hadde spunnet videre på, om hvordan jeg ideelt sett ville at det skulle være. Visjonen min hadde vist meg et bilde av en stor bygning med store fellesarealer, rom for mennesker som kommer og går, og hvor jeg i utgangspunktet var den eneste fastboende. Disse detaljene hadde vært konstante. Mine ideer om hva som ville utspille seg på innsiden, hadde endret seg for meg etter hvert som jeg hadde blitt mer klar over hva som betydde noe for meg. Når jeg kunne velge på øverste hylle, hadde jeg hatt to klare ønsker. Jeg ville være i fred, og jeg ville omgi meg med mange mennesker. Dette hadde påvirket mine forestillinger om hva slags mennesker jeg ønsket å fylle huset med. I praksis hadde jeg måttet forholde meg til mange slags ulike mennesker, som hadde gitt meg muligheter for å utvide mine komfortsoner på så mange plan. Istedenfor at jeg skulle føle meg komfortabel innenfor et definert miljø, ble jeg stadig mer komfortabel i meg selv. Jeg var omgitt av mange mennesker, og jeg hadde funnet min balanse av å kunne trekke meg tilbake så mye som det passet meg.

Det tok meg en stund å løsrive meg mentalt fra det lineære miljøet jeg hadde vært så sterkt involvert i. Det ble så virkelig og så overbevisende. Det hadde gitt meg en god opplevelse å føle at jeg bidro og deltok i et sosialt samarbeid innenfor et så lite miljø. Samtidig føltes det motsetningsfylt å være med på å bygge opp noe jeg absolutt ikke ville ha, ut ifra et rådende fokus på at det var pengene som styrte. Det var ikke pengene som styrte, det var et fryktbasert fokus som styrte, frykten for at pengene skulle ta slutt. Dermed ble det til en sannhet. Selv om det ikke var min sannhet, arbeidet jeg for mennesker som styrte ut ifra disse overbevisningene. Kanskje ble jeg tiltrukket av det, fordi jeg hadde en tendens til å bli tiltrukket av sånt som jeg følte motstand mot, sånt som trigget mine komfortsoner. Når det kom til stykket, var det min egen motstand som var min motstander. Ingenting annet. Ingen andre.

Jeg gikk frem og tilbake over det lille gulvet mitt, mens jeg snakket høyt og intenst til mine usynlige tilhørere. Over en lengre periode, hadde jeg følt at jeg ikke ble hørt. Jeg hadde arbeidet langt utover grensene for hva jeg følte meg komfortabel med. Jeg hadde arbeidet i lang tid, etter at jeg hadde brukt en hel dag på å motivere meg til å gi beskjed om at nå var det nok. Det var blitt ignorert, og jeg hadde gitt etter enda en gang, fordi alle andres agendaer var så mye sterkere enn min. Min føyelighet og tøyelighet og fleksibilitet var fortsatt som en silkerose med bøyelig stilk, som spratt opp igjen hver gang den ble kuet til det ytterste. Uten torner, og umulig å knekke.

Endelig skulle jeg ha et par dager fri. Jeg ble liggende i senga til langt utover dagen, til jeg ikke lenger visste om det var morgen eller kveld. Da jeg sto opp, hadde huden hovnet opp rundt øynene mine og var lysende rød, skrukkete og tørr. Øyelokkene var delvis sammenklistret.

Historien om visjonen min hadde vært som en sånn film, hvor alt faller på plass og legger seg til rette, til visjonen manifesterte seg. I det minste i sitt fysiske uttrykk. Filmer ender sånn. Og så kommer rulleteksten, og overlater fortsettelsen til fantasien. Det hadde forvirret meg voldsomt. Det begynte å gå opp for meg at jeg fortsatt befant meg ved rulleteksten.

Ingen leser rulleteksten. Med mindre man selv, eller noen man kjenner eller ønsker å identifisere, er nevnt. For meg var alle disse kategoriene representert. Hver eneste rolleinnehaver i mine opplevelser som hadde gjort seg bemerket, hadde på en eller annen måte gjenspeilet et aspekt av meg selv. Et aspekt som ville tydeliggjøre noe for meg, om hva jeg hadde gitt næring til med min energi, eller om valg av nye retninger. Hvert eneste individ, hver eneste hendelse. Ingenting var tilfeldig. Jeg sier ikke at det var en mening med det, som det ofte populært uttrykkes. Det behøver ikke å være mer meningsfylt enn at en magnet tiltrekker seg en løs spiker i nærheten. Det er bare ikke tilfeldig. Magnetisme har den effekten. Det samme har bevissthet.

Jeg hadde vært så opptatt av at alle disse aspektene hadde noe å vise meg, at jeg hadde overhode ikke brydd meg om at jeg også hadde noe å vise dem. Det hadde bare vært underforstått fra min side, at jeg også tilførte mine omgivelser noe, det var ikke noe jeg syntes jeg hadde noe med. Jeg kunne umulig vite på hvilken måte jeg påvirket mine omgivelser, eller hvordan de tok det til seg, like lite som disse individene kunne vite hva jeg fikk ut av mine møter med hver enkelt av dem. Jeg visste bare at det skjedde. Det holdt for meg.

Selv ikke da jeg plutselig en dag ble stilt direkte spørsmål om jeg var klar over hva jeg hadde betydd for dette stedet, tok jeg det til meg. Jeg bare avfeiet det, som en naturlig konsekvens av min tilstedeværelse og mitt engasjement.

Det var et stort paradoks for meg, at da jeg endelig fikk blomster og heder, var det for å ha underkastet meg et system, istedenfor å følge min egen vei. De forventet at jeg skulle føle meg stolt og glad. Jeg ville jo heller hatt tid og lyst til å kjøpe blomstene mine selv, og stå der på scenen og fortalt om hvor glad og tilfreds jeg var. Isteden var jeg bare sliten og desillusjonert. Jeg hadde forlatt huset mitt og alt, fordi jeg ville noe. Det var ikke dette.

Det gikk noen dager, ei uke, så kom temaet opp for meg igjen fra et annet hold. Det hele var et spørsmål om å anerkjenne meg selv. Det hadde ikke så mye å si hva jeg hadde betydd for dette stedet, dermot var det av høyeste betydning for meg selv at jeg innså min rolle i min egen visjon. Jeg hadde aldri tenkt på det på den måten. Jeg var kommet så nær ledestjernen, at jeg så den ikke lenger. Den var blitt integrert. Den var en del av meg nå, og jeg var ikke klar over hva jeg utstrålte.

De hovne øyelokkene lyste som lanterner, som ropte etter at jeg måtte starte med å se meg selv. Jeg kunne bare velge for meg selv. Jeg gikk videre ut i det ukjente. Igjen.

Jeg brydde meg ikke lenger om å stille spørsmål ved hva som kunne overgå dette. Jeg følte meg helt trygg på at noe ville legge seg til rette for meg, like uventet og fantastisk som alle de andre gangene jeg hadde forflyttet meg over i et helt nytt kapittel av mitt personlige eventyr.

Tilbake til meg

Det føltes som om jeg befant meg på ei flåte i åpent hav. Jeg hadde det helt fint og alt jeg trengte, men det var bare en midlertidig løsning. Før eller senere ville jeg skylle i land et sted. Jeg ante ikke hva som ventet meg der.

Som bestilt, og med perfekt timing, hadde det dukket opp en situasjon jeg kunne flyte på en stund. Barnebarnet mitt trengte tilsyn, i en periode mellom foreldrepermisjon og barnehage.

Interaksjonen med denne lille jenta, som ennå ikke kunne verken snakke eller gå, gikk over all forventning. Det virket som om vi kommuniserte på et helt annet nivå, på måter jeg overhode ikke hadde vært forberedt på. I tillegg bød miljøskiftet på varierte opplevelser, diverse omstendigheter jeg måtte ta hensyn til og praktiske tilpasninger. Jeg hadde forlatt fjellet, og befant meg i et landskap jeg følte meg langt mer hjemme i. Jeg nøt det, i vissheten om at situasjonen tilhørte øyeblikket. Mer uunngåelig enn noe annet, ville dette være forbigående. Det var ikke bare relasjonen til det lille barnet som imponerte meg. Til min gledelige overraskelse forløp det også uten konflikter å leve så tett på denne lille familien. Selv om jeg lett fant meg til rette, var jeg veldig klar over at det var på bekostning av deres privatliv. Iblant føltes det vondt og ensomt, at jeg ikke hadde noe sted å gjøre av meg, så jeg kunne gi dem litt tid for seg selv. Jeg følte meg sårbar, fordi denne nærheten også vekket en lengsel i meg etter tilhørighet.

Jeg lengtet etter en trygg favn, en trygg havn. Det kjentes som om jeg hadde lagt ut ifra kai mot ukjente farvann, og at jeg fortsatt ikke engang hadde kommet meg ordentlig ut fra kaia. Jeg kjente på ensomheten i friheten til å kunne gjøre akkurat hva jeg ville.

En fredag kjente jeg meg sterkt tynget av vissheten om hvor tett vi levde. Jeg dro inn til Oslo uten annen hensikt enn å holde meg borte en stund, så de kunne få kvelden for seg selv. Jeg gikk ned til den store tigeren nedenfor sentralstasjonen. Jeg stilte meg tett foran den og så den inn i øynene. Jeg forestilte meg at den ville kunne sluke meg rå, hvilket som helst øyeblikk. Den ble så levende for meg, at jeg kjente det i kroppen, mens jeg sto der urokkelig.

Da snakket en kvinne til meg, som solgte magasiner til inntekt for romfolket. Hun så rett på meg med et rolig blikk, og spurte om jeg kunne hjelpe henne. Hun var sulten. Jeg hadde passert mengder av tiggere av alle kategorier, og ignorert og avvist samtlige. Men noe med denne kvinnen fanget min oppmerksomhet. Jeg spurte om hun ville ha penger eller mat. Hun ville ha mat. Jeg spurte om hun ville kjøpe den selv, eller om jeg skulle kjøpe den til henne. Hun ville at jeg skulle kjøpe det, bare noe småtteri fra kiosken. Jeg ble med henne. Så foreslo hun hamburger, som fantes litt lenger oppe i gata, og jeg sa at hun bare kunne si hva hun ville ha. Så snakket hun om et teppe, for hun frøs. Jeg svarte at det ikke var tepper å få kjøpt om natta. Hun ville kjøpe det i morgen. Jeg spurte om hun ville ha mat eller teppe. Hun ville ha mat. Men hun ville også ha teppe, for hun frøs. Jeg ble med henne og lot henne bestille hva hun ville ha. Hun fortalte at hun hadde fire barn i Romania, og spurte om jeg hadde barn. Hun sa flere ganger at jeg var et fint menneske. Hun hadde en relativt akseptabel fremtreden. Jeg betalte, og ventet til hun hadde fått maten. Jeg så at det satt to rumenske kvinner ved et bord og spiste allerede. Jeg gikk da hun hadde fått maten sin. Så kom hun etter meg, og begynte å snakke om teppet igjen. Jeg kunne ikke tro det! Jeg måtte bare avgjøre at nå var det nok!

Jeg fordømte henne ikke. Det ville ha vært å fordømme noe jeg selv hadde invitert til. Det ville gjøre meg til et offer og påføre meg et nederlag. Tvert imot beundret jeg hennes pågangsmot og oppfinnsomhet, når muligheten var der for henne. Hun hadde en imponerende evne til å be om mye, uten å virke frekk. Hun gjorde det så naturlig, at det virket helt absurd.

Den skuffelsen og irritasjonen jeg kjente på, handlet ikke om henne. Den handlet om min opplevelse. Hvordan kunne det skje at dette ble utfallet av det initiativet jeg hadde tatt for meg selv?

Etter å ha stått en stund for å trekke ut tiden ytterligere før jeg ville dra tilbake med t-banen, bestemte jeg meg for å gå tilbake til tigeren og se om jeg kunne komme til en klarhet. I det samme jeg fikk øye på den, kom de tre rumenske kvinnene fra den andre kanten, og passerte meg målbevisst i retning av sentralstasjonen. Om hun hadde lagt merke til meg, røpet hun det ikke. Jeg ble stående og se etter dem. Enda et påfallende sammentreff! Da skjønte jeg hva som foregikk. Jeg hadde nettopp utspilt et mønster, som jeg trengte å bli bevisst! Mens jeg hadde stått intenst fokusert på det som betydde noe for meg personlig, hadde jeg tiltrukket meg noen som ville utnytte mine ressurser og min velvillighet. Det var akkurat det som skjedde hver gang! Det som nettopp hadde utspilt seg, var en gave jeg hadde gitt meg selv, for å vise meg akkurat det jeg trengte å se.

Hva var det som gjorde det så påtrengende viktig for meg å la meg avlede av andres ønsker og behov eller yte til andres fordel, i det øyeblikket jeg ville noe for meg selv?

Kanskje var det så enkelt, som at jeg benyttet distraksjonene som et legalt påskudd for å slippe å ta ansvaret for, og konsekvensene av, hva jeg så fryktløst hadde påbegynt. Og så utviklet det seg til et punkt hvor jeg følte meg grovt utnyttet.

Det kjentes som om jeg hadde fått noen illusjoner ettertrykkelig knust i en morter. I beste fall kunne de benyttes som krydder til min historie, sånn jeg valgte å fortelle den.

Tidligere hadde jeg likt å forestille meg at jeg var omgitt av usynlige tjenere. Jeg så dem for meg, der de sto oppstilt i formasjon omkring meg, som høytidelige butlere med et rent klede over armen. De forholdt seg passive, inntil jeg ville noe for meg selv. Da responderte de på energien jeg utstrålte, helt uavhengig av om den var destruktiv eller konstruktiv. De vurderte ikke på mine vegne, de bare oppfylte alle mine ønsker, i den grad jeg var mottagelig for det de tilbød meg. De hadde kontakter i alle retninger, og kunne oppfylle hva som helst. Det var kun motstanden i meg selv, som hindret meg i å ta imot fra en uendelig overflod. Jeg ble kun begrenset av de holdningene jeg var villig til å tro på, selv om jeg ikke engang var klar over at de fantes der. De fleste av dem var dypt innarbeidet og nedarvet gjennom generasjoner. Etablerte sannheter, som det ikke engang ble stilt spørsmål ved. Ikke dermed nødvendigvis sant. Det finnes ingen absolutt og varig sannhet.

De usynlige tjenerne hadde respondert på den våknende interessen min for å ta visjonen min til sitt neste nivå. De kom til meg med alt jeg trengte, i perfekt rekkefølge, fra den minste impuls, til helt konkrete innspill av veiledning som fysisk ble presentert for meg. Brikke for brikke ble veien til foran mine føtter. Denne veien av alt jeg opplevde, var i praksis min destinasjon. På et plan av min bevissthet, hadde jeg nettopp forlatt noe og knapt sluppet taket i det. På et annet plan, befant jeg meg på en flåte i åpent hav, uten anelse om hvor eller når jeg ville komme til å skylles i land. På ytterligere et nivå, kjente jeg at jeg sto rett foran en mulighet til på ny å utforske ukjent terreng.

Denne gangen ville ukjent terreng ha en helt ny betydning. Jeg var ikke lenger ute etter å samle erfaringer. Jeg hadde samlet på erfaringer gjennom hele mitt liv og gjennom alle mine livstider. Nå var jeg klar for å leve ut den viktigste og mest dyrebare av alle mine samlede erfaringer. Jeg ville hvile i den vidunderlige vissheten om at alt jeg virkelig ønsket meg, ville være der for meg når jeg var klar. Jeg forestilte meg en forsiktig tilnærming, mens jeg ble komfortabel med min nye posisjon.

Det hadde ligget i min natur å være forsiktig og tilbakeholden, for å oppveie for at jeg hadde villet sprenge så mange grenser. Jeg forholdt meg helt i ro, til jeg plutselig og uventet foretok meg noe, før noe i meg eller noen ville rekke å influere på min avgjørelse.

I neste øyeblikk stilte jeg meg spørsmål om jeg virkelig ville dette lenger. Hadde visjonen min utspilt sin rolle? Hvordan ville det kunne oppleves å leve ut det jeg hadde ønsket meg på øverste hylle, som jeg hittil ikke engang hadde hatt evnen til å sette ord på? Jeg kjente på et dypere plan, at uansett hva jeg tenkte eller vurderte, ville det ikke være noen vei utenom. Visjonen min ville la seg oppfylle, på samme måte som den hadde landet i min bevissthet for mange år siden. Den handlet aldri om et hus. Huset var en metafor på mitt eget liv. Dette helt spesielle og unike livet. Jeg hadde vært i konstant og intens personlig oppvåkning, på et dypt nivå og på alle plan av min bevissthet. Det ville ikke komme til å stoppe nå.

Påsken nærmet seg, og jeg ville gjerne gi vertskapet muligheten til å være en liten familie, uten meg på lasset. Jeg visste bare ikke hvor jeg kunne gjøre av meg. Da mottok jeg en telefon fra et bekjentskap jeg ikke hadde hørt fra på lenge, og som jeg ellers hadde lite å gjøre med. Det gjaldt bare et praktisk spørsmål. Vi småpratet litt. Han fortalte meg om prosjektene sine og at han hadde en leilighet til utleie, som for tiden sto tom mens den ventet på noen godkjennelser. Jeg kunne gjerne få låne den, når som helst.

Få uker senere, var jeg på vei til et ferieparadis ved kysten. Den nyoppussede leiligheten jeg fikk disponere så lenge jeg ønsket, hadde nydelig utsikt over hav og svaberg. Og ei vidunderlig seng. Total rekreasjon. Miljøforandringen ga meg ro til å være helt overlatt til meg selv en stund, upåvirket av hensynet til oppgaver og omgivelser. Alt var opp til meg.

Vårsola skinte fra klar himmel. Jeg befant meg i et vidunderlig landskap av sjø og svaberg. Sjølufta og nærheten til havet gjorde meg godt. Jeg ble aldri lei av å se på de bølgende bevegelsene og høre lyden av sjøen som klukket under bryggene.

Jeg hadde hatt ei sånn natt, hvor søvnen hadde måttet vike for ei ny dør som åpnet seg i meg, for en større innsikt og forståelse av hvor jeg var på vei. Det ble en strålende morgen, før jeg omsider sovnet og sov til langt på dag.

Jeg gikk ut og satte meg på ei brygge og nøt den fine dagen. Da kom en gammel mann med to raggete geiter i bånd. De hadde kraftige horn og så ut som de hadde oppstått rett ut av mitt eget eventyr. En gjøende hund fikk opptoget til å stoppe opp og bli stående rett foran meg en stund. Geitene brydde seg ikke det minste om hunden. Jeg likte geiter. Det høyst uventede opptrinnet begeistret meg. Jeg kjente den vidunderlige fryden fra mitt innerste vesen. Den som ikke trenger noen oppmuntring. Den bare er. Igjen hadde livet vist meg akkurat det jeg trengte å se.

* * *

Nå som du har hatt din egen opplevelse av historiene, vil jeg gjerne at du bruker et øyeblikk på å legge en anmeldelse på din foretrukne forhandlers hjemmeside eller sende den til meg.

På forhånd takk.

Elin Dukana

elin@dukana.com